푸스틱 게임

푸스틱 게임

치열한 노력을 뒤집는 기회의 힘

POOH'S STICK GAME

제임스 리드 지음

이정민 옮김

포레스트북스

새로운 나를 만드는 12가지 방법

사람들을 만나 "커리어를 위해 어떤 노력을 하고 있습니까?"라고 물으면 선뜻 답하는 사람을 찾아보기 어렵다. 왜 그럴까? 아마 커리어라는 게 막연한 개념이기 때문일 것이다. 고등학교나 대학교를 졸업할 때에는 우리도 언젠가 퇴직한다는 사실을 인지하기 어렵고, 모든 게 불투명할 때에는 한치 앞도 내다보기 힘들다. 당신은 어떤지 모르겠지만 나는 겨울 한파가 몰아닥칠 때면 지난여름엔 어땠는지 떠올리려고 애쓴다. 그때 나는 정말 반바지에 티셔츠 한 장만 걸치고 다니면서도 전혀 춥지 않았으니까.

하지만 계절이 바뀌는 걸 막을 수 없듯 지난날을 돌아보며 자신의 커리어를 평가할 날이 반드시 찾아올 것이다. 그 순간 당신은 어떤 생각을 하게 될까? 물론 후회되는 일들도 있겠지만 많지는 않기를 바란다. 당신은 앞선 60여 년간 성취한 일들에 대해 자랑스럽게 여길 수 있어야 한다. 그러기 위해서는 에너지, 긍정적 사고와 약간의 용기가 필요한데 이 책이 그러한 속성들을 알아보는 데 좋은 길잡이가 되어줄 것이다.

자료를 수집하는 과정에서 나는 유명 록가수 데이비드 보위에 관한 흥미로운 이야기를 접하게 되었다. 지난 1965년, 그가 BBC 오디션을 봤다는 사실을 몇몇 다큐멘터리 감독들이 밝혀낸 것이다. 그 시절에는 노래하고 싶은 사람은 누구든 방송국에 속한 재능 선발 위원회의 승인을 받아야 했다. 다소 고지식하고 보수적인 이곳 위원들은 라디오로 방송되는 모든 내용이 심의에 저촉되지 않도록 관리하고 있었다.

당시 그들은 데이비드 보위에게 어떤 평가를 내렸을까? '개성 없는 가수', '그다지 인상적일 것 없는 식상한 가수'라는 의견이 지배적이었다. 안타깝게도 가엾은 보위는 매번 오디션에서 탈락했지만 결코 포기하지 않았다. 그리고 4년 뒤인 1969년, 정규 앨범 〈데이비드 보위David Bowie〉와 싱글 앨범 〈스페이스 오디티Space Oddity〉를 통해 세계적 스타로 발돋움하게 된다. 이후 일어난 일들은 모두가 아는 바와 같이 음악계에 역사로 기록되었다.

데이비드 보위는 자신의 커리어와 운명을 스스로 개척한 훌륭한 사례라고 할 수 있을 것이다. 한 인터뷰를 통해 그는 이렇게 말했다. "나는 준비 기간 내내 겉모습과 캐릭터를 수도 없이 바꾸면서 특별한 누군가가 되는 법을 배웠다." 그의 첫 앨범이 발매된 지 50년도 더 지난 지금, 그가 초기에 겪은 고난들은 한낱 일시 후퇴에 지나지 않았다는 사실을 잘 보여준다. 또한 그는 최후의 순간까지도 손에서 일을 놓지 않아 2016년 사망하기 불과 며칠 전에 마지막 앨범인 〈블랙스타Blackstar〉를 세상에 선보였다.

당신 역시 커리어라는 캔버스를 데이비드 보위처럼 칠해나갈 수 있다. 당신의 능력으로도 얼마든지 가능한 일이다. 하지만 이를 위해서는 학교에서 가르쳐주지 않는 지식이 필요하며 내가 이 책을 쓰게 된 것도 바로 그 때문이다.

뤼드 고용 기구Reed Recruitment 의장으로서 나는 수백만 명의 구직을 도와주었고, 그 과정에서 1조 6천억 원 넘는 가치의 기업체를 설립했다. 채용 시장에 몸담은 지도 벌써 25년이 넘었으니 다른 이들의 커리어에 관여한 세월만 해도 4분의 1세기나 되는 셈이다. 그동안 내가 구직자, 고용인, 노동자 및 비즈니스 리더들과 무수한 대화를 나누면서 깨달은 소중한 지혜를 이제 당신에게 들려주려 한다.

세상에는 데이비드 보위만큼이나 성공적인 커리어를 자랑하는 이들이 수없이 많다. 그들에게서 배워보지 않겠는가? 그들이 지금껏 걸어오면서 내린 작은 결정들이 모여 그들의 커리어가 구축되었다. 그 결정들이 오늘날의 그들을 만든 것이다.

아마 당신은 본격적인 사회생활을 눈앞에 두고 첫 단추를 어떻게 끼워야 하는 건지 궁금해하고 있을 것이다. 과연 '일'이 '커리어'가 되는 시점은 언제인지 자문하고 있을지도 모른다. 혹은 지금껏 쌓아온 경력의 결실들을 즐기면서 한편으로는 이 길을 계속 가는 게 맞는지 불안해하고 있을 수도 있다. 또 어쩌면 퇴직을 몇 년 앞두고 마지막 변화를 (혹은 자신에게 맞게 속도를 늦추기를) 원하고 있을지도 모른다. 어떤 상황이든 나는 당신이 도전할 수 있는 동기와 자신감을 갖고 자기 신뢰를 바탕으로 뭔가 강력한 일을 해낼 수 있도록 도울 것이다. 그래야 당신이 잠재력을 아낌없이 발산하고 일과 여생을 모두 성공으로 이끌 수 있다.

당신은 어떤 유형의 '커리어 탐색자'인가?

커리어를 성공적으로 쌓기 위해서는 자기 자신이 어떤 특징을 가졌는지 파악하는 일이 무엇보다 중요하다. 이제 성공적인 커리어를 향해 가는 길에서 잠시 눈을 돌려 복도를 배회하고 있는 커리어 탐색자들의 여러 유형을 알아보자. 어딘가 익숙한 특징이 보이는가? 당신은 어떤 유형의 커리어 탐색자인가?

눈앞이 깜깜한 학생

특징: 학교라는 울타리에서 벗어나 '진짜 세상'에 뛰어들어야 한다는 생각만으로 불안하고 두렵다.

강점: 꿈꾸던 커리어를 그려나갈 준비와 의지가 모두 갖춰진 백지 상태. 약간의 돈과 경험을 쌓고 재미를 느낄 수 있다면 어떤 일이든 도전할 수 있다.

약점: 무슨 일이 하고 싶은지 전혀 알지 못하는 건 물론, 그 일을 해본 적도 없다.

해야 할 일: 무조건 다양한 기회를 잡아서 배우고 여행하고 성장하라. 이 단계에서는 돈을 버는 것보다 배우는 게 더 중요하다.

갈 곳 잃은 사회인
특징: 수차례의 진급을 통해 값진 경력을 쌓는 꿈을 달성한 이 사회인은 일을 처음 시작할 때 원했던 것이 더 이상 매력적으로 느껴지지 않다는 사실을 깨달았다. 새로운 분야를 개척하고 싶은 욕구가 생겼지만 그게 무엇인지 또 어떻게 찾을 것인지 알 수 없다.

강점: 자신이 잘하는 게 뭔지 알고 있을 뿐더러 기업체에 기여할 수 있다는 자신감도 있다.

약점: 정확히 어떻게 기여할 수 있는지 방법을 찾지 못해 고민만 하고 있다.

해야 할 일: 숨을 한번 크게 들이쉬고 지금껏 당신이 이뤄온 것들을 자축하라. 그리고 당신의 열정, 가치관과 삶의 목표에 대해 고민해보자. 이들과 일치하는 건 물론, 지금은 느낄 수 없는 만족감을 선사해줄 커리어는 무엇인가?

일 중독자

특징: 말 그대로 일에 집착하는 이 사람은 하루 24시간, 1년 365일을 일에만 매달린다. 저녁식사 도중 이메일을 보내고, 주말에도 서류를 검토하며, 업계의 사소한 일 하나하나에 몰두하는 자신을 당연하고 자랑스럽게 여긴다.

강점: 일에 대한 책임감이 월등히 높고 헌신과 성실성을 중요시하는 조직에서 높이 평가받을 수 있다.

약점: 이런 사람들은 당장 주어진 일에만 몰두하고 앞날을 내다보려 하지 않는 만큼 해당 기업이나 분야에 어떤 변화라도 일어나면 충격에 빠질 위험이 크다. 여기에서 헤어나지 못한다면 눈앞에 놓여 있는 온갖 기회들마저 놓치고 말 것이다.

해야 할 일: 멈춰 서서 고개를 들고 주위를 돌아보라. 그리고 사람들을 만나라. 누구든 좋다. 질문하고 그들의 이야기를 들어라. 미처

알지 못했던 새로운 사실들에 놀라움을 금치 못할 것이다.

인생 모토가 '쉽게 살자'인 사람

특징: 근무 시간에 수다를 떨거나 인터넷 서핑을 할 때 가장 큰 행복을 느낀다. 부유한 유명인사와 결혼해 유유자적하는 삶을 살겠다는 은밀한 꿈을 갖고 있으며 자신이 그런 삶을 누리는 게 마땅하다고 믿는다.

강점: 이렇다 할 강점이 없다. 농땡이를 피우는 과정에서 인적 네트워크를 형성해두었겠지만 그마저도 쓸모없는 관계일 가능성이 높다.

약점: 업무에 대한 애정도 낮고 열의도 없다. 성취를 위한 노력도 당연히 하지 않는다. 이런 태도가 반복되면 일은 지루하고 성취감도 주지 못한다는 잘못된 편견을 갖기 쉽다.

해야 할 일: 이 상태로도 행복하다면 아무 문제없다. 하지만 그게 아니라면 당신의 회사에 어떻게 더 기여할 수 있을지 고민하고 시도하라. 그 대가로 훨씬 가치 있는 것들을 돌려받게 될 것이다.

해고된 50대

특징: 향후 20년이 지금까지와 조금도 다르지 않을 거라는 가정에

안주해 있던 중년의 이 사회인은 조직에서 정리해고의 칼날을 휘두르자 비로소 살벌한 현실에 눈을 뜬다.

강점: 다양한 역할과 조직에 활용할 수 있는 풍부한 경험을 지녔다.

약점: 어떤 일이든 직접 부딪쳐보고 도전할 준비가 전혀 돼 있지 않다.

해야 할 일: 당신에게는 오랜 시간 쌓은 경력이 있으니 그저 지혜를 모아 다음 단계를 계획하면 된다. 은퇴로 가는 길이 항상 순탄하지만은 않다.

지금까지 살펴본 유형 중 자신이 어디에 해당되는지 조금이라도 감이 오는가? 어쩌면 두 가지나 세 가지 유형을 합친 게 당신일 수도 있다. 어떤 사실을 깨닫게 되더라도 중요한 건 자신을 솔직하고 객관적으로 바라보는 일이다. 거기서부터 배움이 시작되기 때문이다.

도전하는 영웅이 되어라

· · · · · · · · · · · · ·

나는 삶을 대하는 태도의 대부분을 이 책에 종종 등장할 내 아버지 알렉 리드로부터 배웠다. 아버지는 항상 도전할 준비가 되어 계셨다. 뤼드를 비롯해 여러 벤처 기업들을 설립하셨을 뿐 아니라 빅 기브Big Give라는 자선 사이트도 만드셨다. 이 모든 게 실현되기까지의 과정은 "모험하지 않으면 얻는 것도 없다"라는 속담을 충실하게 행동으로 옮긴 결과라고 할 수 있다. 자선 활동을 위해 뭔가 새로운 시도를 해보고 싶으셨던 아버지는 점심식사 제공을 약속하고 각계의 자선 사업가들을 두 시간짜리 토론회에 초대하셨다. 그 자리에서 새로운 자선 활동에 대한 아이디어들이 오갔지만 마칠 시간이 될 때까지도 명확한 결론이 나지 않았다. 다들 식사 장소로 이동하기 위해 자리를 뜨는 찰나 누군가 아버지께 이렇게 말씀하셨다. "가상의 자선 단체를 세우면 어떻겠소?"

아버지는 음식점으로 향하는 내내 곰곰이 생각해봤지만 도저히 무슨 말인지 알 수가 없었다. "가상의 자선 단체라니 대체 무슨 뜻이오?" 자리에 앉으면서 아버지가 물으셨다. "아, 그야 나도 모르죠." 그 사업가가 대답했다. 아버지는 껄껄 웃으셨지만 이 제안을 계기로 자선 단체들이 자신들의 사업을 홍보하는 데 사용할 수 있는 온라인 플랫폼, 빅 기브가 탄생했다. 이 사이트는 주머니가 두둑한 기부자들이 다양한 자선 사업들을 둘러보며 지원하고 싶은 사업을 선택하는 방식으로, 자선 단체들을 직접 접촉하면서 기부 압박을 느낄 필요 없다는 장점이 있었다.

처음에는 이렇다 할 성과가 없었다. 사이트를 통해 10만 파운드

기부가 들어와 모두가 흥분했지만 그걸로 끝이었다. 결국 아버지가 새로운 아이디어를 내셨는데 소유하고 계신 자선 단체에서 100만 파운드를 기부함으로써 적절한 금액 기준을 제시하신 것이다. 그리고 불과 45분 뒤 또 다른 100만 파운드를 기부 받는 데 성공했을 때 아버지는 마침내 새로운 지평이 열렸음을 직감하셨다. 지금까지 빅기브는 수천 개가 넘는 자선 단체들로부터 무려 1억 파운드가 넘는 금액을 기부 받았다. 언젠가는 그 금액이 10억 파운드를 넘어서도록 하는 게 우리의 목표다.

여기서 우리는 뭔가 강한 필요성을 느끼는 게 있으면 어떻게든 시도해보는 게 중요하다는 교훈을 얻을 수 있다. 해보지도 않고 불가능한 일이라고 체념해선 안 된다. 그 과정을 통해 분명 뭔가를 배우고 또 성장할 수 있기 때문이다. 자신의 커리어에 책임지는 사람들을 나는 '도전하는 영웅'이라고 부른다. 만약 당신이 지금은 자신을 도저히 영웅으로 여길 수 없다고 해도 이 책을 다 읽을 즈음엔 확연히 달라져 있을 것이라고 믿는다. 장담컨대 당신은 스스로를 깜짝 놀라게 하고도 남을 만한 역량을 지니고 있다.

커리어를 성공으로 이끄는 다섯 가지 기본 원칙

· · · · · · · · · ·

당신의 커리어를 장거리 여행이라고 생각했을 때 '도전하는 것'은 당신의 자동차를 달리게 만드는 연료요, 다섯 가지 기본 원칙은 목적지에 도착하기 위해 반드시 알아야 하는 교통 규칙이다. 지금부터 어떤 규칙들이 있는지 알아보자.

1. 야망을 가져라

'야망'이라는 단어는 이따금 나쁜 의미로 쓰이기도 하지만 나는 이것이 부정적이거나 당치 않은 욕심이라고 보지 않는다. 오히려 자기 자신, 그리고 자신이 일하는 곳에 대한 기대치가 높다는 의미라고 생각한다. 먼 훗날 당신은 어디에 있을 거라고 예상하는가? 당신의 삶과 커리어 전반에 걸쳐 무엇을 주고 또 받을 계획인가? 당신이 거래할 수 있는 재화 중 하나는 아이디어로서, 이는 모든 조직이 소유할 수 있는 최고의 자원에 해당한다. 아이디어를 더 많이 생산하고 더 많이 실행에 옮길수록 더 큰 야망을 품을 수 있다.

2. 긍정적 태도를 잃지 마라

긍정적 사고가 삶의 모든 영역, 특히 커리어에 영향을 미친다는 사실은 과학적으로도 이미 수없이 입증되었다. 당신의 직업에 더 큰 의미를 부여할수록 정신적, 그리고 신체적으로 더 많은 것들을 느낄 수 있게 된다. 또한 이는 살아가는 내내 배우고 발전하고자 하는 성장 지향적 마음가짐을 갖도록 해준다.

원하는 것을 배우고 또 발전할 수 있는 기회가 지금처럼 다양한 시대도 없었다. 성공적 커리어의 핵심이라 할 수 있는 자기 계발을 언제 어디서나 할 수 있게 됐기 때문이다. 클릭 한 번이면 온갖 주제에 대한 블로그, 책과 동영상들을 접할 수 있다.

이렇게 배울 수 있는 기회가 널려 있는 만큼 스스로 할 수 있다고 생각하는 범위 이상으로 성취하는 것도 얼마든지 가능하다. 평소 우리는 신체적·정신적 역량의 40퍼센트도 채 활용하지 못하는 게 사실이지만 해결해야만 하는 일 앞에서 미처 몰랐던 능력까지 발휘되었던 경험이 있을 것이다. 나는 이를 영적 발화라고 부른다. 엔진에 불을 지펴 당신을 앞으로 나아가게 해주는 불꽃인 것이다.

3. 당신 자신과 자신이 속한 조직을 이해하라

이미 잘 알 수도, 아닐 수도 있지만 당신 안에는 단순한 지식(이를테면 수학이나 예술에 관한 해박한 정보)부터 타고난 기질(정직함, 호기심과 결단력 등)에 이르는 거대한 힘이 내재돼 있다. 당신 자신을 이해한다는 것은 당신이 직장이나 조직에 무엇을 제공할 수 있는지 정확히 알고 있다는 것을 뜻한다. 당신은 어떤 분야에서 어떤 방식으로 가장 잘 활용될 수 있는가? 당신의 강점을 제대로 파악하면 다양한 기회들을 잡을 수 있다.

4. 당신의 조력자를 파악하라

재밌는 질문을 좀 해보자. 커리어와 관련해 당신이 성장할 수 있도록 이끌어주는 사람은 누구이고 또 성장을 방해하는 사람은 누구인가? 여기에 답하려면 당신이 평소 어울리는 이들은 누구인지, 또 어떻게든 만나고 싶은 이들은 누구인지 되돌아봐야 한다.

우리 주변에는 도움을 제공해줄 사람들이 널려 있지만 미처 인식하지 못할 때가 많다. 가까운 친구들과 가족들을 제외하더라도 업무상 알게 된 사람들, 우연히 소개받은 지인들, 어느새 기억 저편에 묻힌 이들도 존재하기 마련이다. 그동안 가입했던 동호회, 참여했던 활동, 퇴직한 직장 및 공부했던 곳들을 돌아보라. 어디에서든 필요한 도움과 조언을 구할 수 있을 것이다.

5. 당신 자신을 이끌어라

먼 훗날 특정 단체를 이끄는 사람이 되고 싶을 수도, 아닐 수도 있지만 적극적으로 이끌어가지 않으면 안 되는 이가 꼭 한 명 있다. 바로 당신 자신이다. 원하는 커리어를 손에 넣고 싶다면 당신 자신을 정비하고 늘 적극적인 태도를 유지하며, 차선에 안주하지 말고 스스로 할 일을 찾아서 해야 한다. 다시 말해 독립적이고 스스로 동기를 부여하며 자신을 잘 파악해 능동적으로 조율할 줄 알아야 하는 것이다.

이 모든 게 다소 자기중심적으로 들리는가? 하지만 매일 아침 잠에서 깨어나 다가올 일정에 설레도록 만들 수 있는 사람이 자기 자신 이외에 또 누가 있겠는가? 이를 실현할 수 있는 사람은 오로지 당신뿐이고 이 책은 당신이 그렇게 될 수 있도록 도울 것이다.

당신에게 품는 나의 야망

· · · · · · · · · · · ·

이제 내가 야망을 품을 차례다. 이 책을 덮을 때쯤엔 당신의 커리어를 앞서 나가게 해줄 깨달음을 얻었길 진심으로 바라기 때문이다. 나는 당신이 "난 이 일을 할 수 있어!" 혹은 "이제 방법을 알았으니 한 번 해보자"라고 생각하길 바란다. 이것이야말로 성공의 시작이다.

앞으로 읽게 될 열두 개의 장(章)은 각각 한 개의 명령어를 중심으로 구성돼 있다(이들을 커리어 성공 12계명으로 생각해도 좋다). 그리고 각 장 마지막에는 다섯 가지 핵심 메시지가 요약돼 있어 커리어에 관한 총 60개의 금쪽같은 조언들에 손쉽게 접근할 수 있다. 이들을 지혜롭게 활용한다면 당신의 커리어가 더 쉽고 빠르게 성장할 수 있는 기회를 발견함과 동시에 세상을 향해 맞서 싸울 든든한 총알을 확보할 수 있게 될 것이다. 더불어 일과 삶 모두가 꽉 채워지는 느낌을 받을 수 있을 뿐만 아니라 과거의 나에서 벗어나 새로운 나로 빠르게 이동할 수 있는 계기가 되어줄 것이다.

여러분의 이해를 돕기 위해 각 장의 말미에는 읽은 내용과 관련된 몇 가지 질문들을 정리해 '생각해봅시다' 코너도 마련해두었다. 방금 배운 사실을 당신의 커리어와 삶에 적용할 수 있도록 돕는 코너로, 새롭게 습득한 지식을 곧장 실천으로 옮길 수 있을 것이다.

차례

들어가며 새로운 나를 만드는 12가지 방법 • 4

1장 | 거울을 보라

거울아, 거울아, 이 세상에서…… • 27
거울을 매일 들여다봐야 하는 이유 • 35

2장 | 파티에 가라

당신에게 맞는 파티를 발견하는 방법 • 45
한 번의 힘 • 49
파티에서 무슨 얘기를 할까 • 51

3장 | 푸스틱 게임을 기억하라

빠르게 성장하는 분야 • 61
느리지만 의미 있는 일 • 64
급류를 발견하는 법 • 66
변함없이 강세인 분야들 • 68

4장 | 나를 최우선에 두어라

이기심이 필요한 순간 ·77
좋은 직업의 요건 ·79
지속가능한 이기심을 발휘하는 방법 ·84

5장 | 습관을 재정비하라

갖고 싶은 습관들 ·94
좋은 습관이 나쁜 습관으로 전락하는 순간 ·99
피해야 하는 습관들 ·100
당신의 친구는 어떤 모습인가 ·103
성장 지향적 마음가짐 ·104
당신의 습관을 알아내고 고치는 방법 ·106
변화 만들기 ·107

6장 | 야망을 품어라

당신의 야망은 얼마나 큰가? ·116
10억을 벌 것인가 10명을 도울 것인가 ·118
목표를 정했다면 ·124

7장 I 오늘과 10년 후를 동시에 상상하라

나는 지금 어디에 있는가 · 133
1단계 : 18~30세 · 136
2단계 : 30~50세 · 139
3단계 : 50~70세 · 141
이 순간의 가치 · 144

8장 I 30분 전에 약속 장소에 도착하라

준비 천재가 되는 법 · 153
면접을 성공으로 이끄는 운명의 15제 · 153
프레젠테이션 준비 전략 · 156
사소한 기억력의 승리 · 158
성공은 우연을 타고 온다 · 160

9장 I 자신만의 노동 원칙을 세워라

긍정적 노동관이란? · 168
지나치게 오래 일하지 마라 · 171
일을 즐기면 모든 게 쉽다 · 174
성과 알리기 · 176
문제가 발생했을 때 · 177

10장 | 도움을 청하라

내미는 손의 아름다움 ·185
서로의 어깨가 되어주기 ·187
도움을 청하는 가장 좋은 방법 ·190
혼자는 여럿을 이길 수 없다 ·192

11장 | 직장상사를 첫 번째 멘토로 삼아라

나는 어떻게 그 일을 배웠나 ·200
더바디샵에서 얻은 교훈 ·203
학교에서 결코 가르쳐주지 않는 것들 ·205
훌륭한 롤모델 찾기 ·207

12장 | 뒷정리를 말끔히 하라

지키거나 박차고 나오거나 ·216
퇴사의 기술 ·220
고용의 고정관념을 깨면 ·223
우선 일, 다음엔 더 나은 일, 마지막으로 커리어 ·225

부록 빠른 물살에 올라타 성공적인 커리어를 완성하는
60가지 황금 조언 ·228
감사의 말 ·236

1장

거울을 보라

채용 업계에 몸담고 있는 나는 사람들과 거의 매일같이 커리어에 관한 이야기를 나눈다. 하지만 학교를 졸업할 때 이미 무엇을 하고 싶은지 정확히 알고 수십 년이 지나도록 그 일에 매진하고 있는 사람은 찾아보기 힘들다. 그렇다고 해서 그 사람들 모두가 불행한 것은 아니다. 삶이란 본래 그런 것 아닌가. 하버드 경영대학원 최고 교수 중 한 명인 린다 애플게이트 역시 내게 이렇게 말했다. "쭉 뻗은 길은 굴곡진 길만큼 흥미진진하지 않죠."

내가 만나는 이들 중 다수가 자신과 맞지 않는 직업을 선택한 데에는 한 가지 단순한 이유가 있다. 자신이 어떤 일을 하면 행복할지 생각해본 적이 없는 것이다. 그래서 결국 부모님이 원하는 직업, 혹은 연봉은 높지만 재미없는 직업을 택하는 등의 실수를 저지른다. 나는 당신만큼은 똑같은 실수를 저지르지 않길 간절히 바란다. 이 책에서 자아 성찰부터 시작하는 것도 그 때문이다. 조금이나마 자신을 알고 또 이해하기만 해도 많은 게 달라지는 만큼 자기 성찰은 그야말로 완벽한 시작점이다. 결국 '인생 직업'을 결정하려면 당신의 열정을 일으키는 게 무엇인지부터 알아내야 한다.

지금 당신이 삶의 어느 지점에 서 있든 마찬가지다. 얼마 전 내 친구의 아들 녀석이 나를 찾아왔다. 직업적으로 중요한 전환기에 놓여 있는데 앞으로 어떻게 해야 할지 도무지 모르겠다는 것이다. 이런 상황에 처한 이들이 대개 그렇듯 그의 자신감은 바닥에 떨어져 있었다. 그와 같은 입장이었던 적이 있다면 내 말을 이해할 것이다. 실직하거나, 일이 기대했던 것과 달라 실망하거나, 회사가 당신과 맞지 않는 방식으로 개편된 적이 있다면 말이다. 나는 그에게 지금이야말로 '거울을 들여다볼 순간'이며, 이제부터 설명할 이 절차를 실천해나가면 무엇부터 해야 할지 결정할 수 있을 거라고 말해주었다.

하지만 당신에게는 이 녀석처럼 급박한 상황에 처하기 전에 미리 거울을 들여다보도록 제안하고 싶다. 자기 평가는 스스로 긍정적 관점을 유지할 때 훨씬 수월하게 이루어지기 때문이다. 나이나 시기에 관계없이 원하면 언제든지 할 수 있기도 하다. 살아 있는 동안 무엇을 하고 싶은지에 대한 성찰이 오로지 20대에만 가능하다는 법칙 따위는 존재하지 않는다.

물론 자기 분석이라는 발상으로부터 도망치고 싶을 것이다. 대부분의 사람들이 그렇다. 다른 건 다 차치하더라도 집착처럼 들리지 않는가? 나도 이해하지만 '자신'이라는 단어가 부정적으로 인식되는 데에는 부당한 면이 있다고 본다. 지금 내가 이야기하는 건 자신에게 집중하는 능력이다. "날 좀 봐, 정말 멋지지?" 같은 자아도취가 아닌 건

설적으로 자신을 비판하는 능력 말이다. 이것이야말로 가장 바람직한 형태의 비평이다. 타인의 평가보다는 자기 자신의 평가가 훨씬 구미에 맞을 수 있기 때문이다. 내가 사람들 앞에서 이런 이야기를 하고 "비판받기 좋아하는 분 계신가요?" 하고 물을 때마다 손 드는 사람은 아무도 없다. 하지만 당신 스스로 내리는 다소 친절한 평가는 받아들이기 수월할 수 있다. 이 책 전반에 걸쳐 자기 비판이라는 주제가 다뤄지는 만큼 이런 발상에 처음부터 익숙해지는 것이 좋다.

사실 이 책에 등장하는 수많은 개념들은 하나같이 '자기'로 시작한다. 자기 동기 부여, 자기 분석, 자신감, 자기 비평, 자기 결정, 자기 계발, 자기 집중 지도력 등 끝도 없다. 이 맥락 속의 '자기'라는 단어에는 부정적 의미가 전혀 존재하지 않는다. 내면에 집중함으로써 자신의 커리어를 개척할 수 있을 뿐 아니라 다른 이들에게 영감을 주고 이끄는 기술까지 획득하게 되기 때문이다.

거울아 거울아 이 세상에서 ……

· · · · · · · · · · · · ·

'거울을 들여다보는' 과정의 의미가 무엇인지 살펴보자. 이제 당신은 나와 함께 당신이 누구인지 깨닫기 위한 4단계 절차에 돌입할 것이다. 이 절차를 건너뛰고 싶은 마음 잘 안다. 이상하게 들릴뿐더러 의도적으로 뭔가를 실천하는 노력을 해야 하기 때문이다. 하지만 이 절차를 수행하는 몇 안 되는 이들 중 한 명이 된다는 건 수행하지 않는 다른 모든 이들보다 우위에 선다는 것을 뜻한다. 특히 자기 스스로를 이해함으로써 향후 유익하게 활용할 수 있는 건 물론, 심지어는 삶이 달라질 수도 있다.

1단계: 거울을 들여다보라

이번엔 실제로 거울을 들여다볼 차례다. 거울을 하나 찾아서 10분간 자신을 들여다보자. 이게 당신의 모습이다. 갈수록 주의 집중 시간이 짧아지고 있는 이 시대에 다소 어려운 일처럼 느껴질 수 있지만 더 오래 들여다볼수록 더 많은 것이 보일 것이다. 거울 앞에 서면 자신의 코 높이가 적당한지, 눈 모양이 어떠한지, 남들이 보기에 충분히 매력적인 얼굴인지 따위를 자꾸 판단하게 될 테지만 중요한 건 그게 아니다. 겉모습을 넘어 당신의 영혼을 들여다보고 진짜 당신이 누구인지 깨달아야 한다. 이 절차를 마치고 나면 당신의 마음속에 떠올랐던 것들을 적어두도록 하라.

수년 전, 나는 자기 자신을 구체적으로 탐구하는 마음 챙김 훈련에 참가해 이 같은 시간을 경험한 적이 있다. 나는 거울 앞에 서서 얼굴 주름들, 눈의 크기, 코의 모양, 입술의 굴곡 등을 샅샅이 응시했다. 처음엔 거의 불가능한 일이라는 부담 속에 시작했지만 갈수록 마음이 편안해지면서 점점 나 자신의 가치를 알게 되었다. 당신처럼 나에게도 뭔가 특별한 게 있음을 깨달은 것이다.

세상 속에 '나'는 단 하나이며 그것만으로도 유일한 존재다. 세상 속에 '당신' 역시 단 하나이며 그것만으로도 유일한 존재다. 차별성은 엄청난 가치를 갖는다.

2단계 : 당신의 열정을 발견하라

이제 직업과 동료, 두 가지 측면에서 당신이 좋아하는 건 무엇이고 싫어하는 건 무엇인지 찾아볼 것이다. 이는 아주 중요한 절차다. 당신의 감정과 열정이 미래를 성공으로 이끌 에너지를 창조하기 때문이다. 아래에 제시된 질문 목록에 답하면서 새로운 아이디어와 영감을 얻을 수 있을 것이다. 가까운 지인들에게 조언을 구하는 것도 좋다. 제삼자의 의견은 항상 도움이 되기 때문이다.

- 당신이 잘하는 건 무엇인가? 스스로 잘한다고 생각하는 것뿐 아니라 사람들이 당신에게 잘한다고 말하는 것들을 생각해보라.
- 당신을 매혹하는 건 무엇인가? 시간을 들여 알아보지 않고는 못 배기는 주제와 아이디어를 떠올려보자.
- 항상 미루는 일은 무엇인가? 유독 싫어하는 업무와 잡일이 무엇인가?
- 형편없이 처리된 것을 보면 유독 거슬리는 일은 무엇인가? 당신에게는 분명히 보이지만 다른 이들에게는 그렇지 않을 수 있다.
- 원하는 건 뭐든지 할 수 있는 하루가 주어진다면 무엇을 하겠

는가?

- 함께 시간을 보내는 게 즐거운 이들은 누구인가?

    가장 중요한 건 스스로에게 솔직한 것이다. 케이크를 굽고 친구들과 수다 떠는 게 가장 즐거운 일과로 느껴진다면 그대로도 좋다. 뭔가 그럴듯해 보이는 일을 찾으려고 애쓰지 마라. 이 질문의 답들은 당신과 따로 떼어놓고 생각할 수 없는 것들이기에 진실하기만 하다면 당신에게 남은 시간, 즉 여생 동안 무엇을 하면 좋을지 실마리를 제공해줄 것이다.

    이제 위의 질문들에 답하면서 깨달은 사실들(그리고 마음속에 떠오르는 것들)을 이용해 좋아하는 일과 싫어하는 일을 각각 다섯 가지씩 나열해볼 차례다. 가족, 친구, 취미, 직업, 취향 등 무엇이든 좋다. 예를 들어 당신은 트레킹, 독서, 문서 작업, 요리를 좋아하는 반면 붐비는 매장, 시끄러운 음악, 고압적인 태도의 상사, 수다쟁이, 그리고 숫

좋아하는 것	싫어하는 것
1.	1.
2.	2.
3.	3.
4.	4.
5.	5.

자와 씨름하는 것을 싫어할 수 있다. 이런 것들을 요약해 목록으로 만들어보자.

3단계: 당신이 소중히 여기는 가치를 발견하라

가치는 보이지 않지만 잘라낼 수 없는 가느다란 실과 같아서 미처 인식 못하는 사이 우리를 특정 방향으로 끌어당긴다. 우리가 어디에 가치를 두는지 볼 수 없게 만드는 장막을 걷어내는 건 중요하다. 이 실들의 정체를 알지 못하면 삶이 엉뚱한 국면에 접어들 수 있기 때문이다. 실제로 당신의 가치관에 위배되는 직업을 갖게 되는 것이야말로 최악의 상황이라고 할 수 있다.

가치가 보이지 않는 특성을 지닌다면 과연 어떻게 발견할 수 있을까? 다행히 가치는 우리가 행동으로 옮기는 내용과 생각하는 방식에서 자신을 드러내는 습성이 있다. 다음 질문들에 답하면서 당신이 중요하게 생각하는 가치를 발견해보자.

- 돈 이외에 당신이 일을 하는 이유는 무엇인가?
- 하루 동안 왕 혹은 여왕이 돼서 세상의 단 한 가지를 바꿀 수 있다면 무엇을 바꾸겠는가?
- 모든 사람들이 누렸으면 하고 바라는 세 가지가 무엇인가? (건강, 자아실현과 자유 등)

이 질문들이 당신에게 특히 중요한 게 뭔지 고민해보는 계기가 되었길 바란다. 가치관은 대개 우리의 유년기에 뿌리를 두고 있기 때문에 시간이 흘러도 변하지 않는다. 따라서 우리가 가치관을 표현하는 방식은 달라질지언정 그 본질은 거의 동일하다.

앞에서 질문에 답하면서 깨닫게 된 당신의 열정을 참고해 당신이 가장 소중하게 여기는 세 가지 가치를 나열해보아라. 물론 중요하게 여기는 건 많을 수 있지만 개인적으로 어떻게든 실천해야 한다고 느끼는 가치는 소수에 불과하다는 사실에 유념해야 한다. 내 경우를 예로 들자면 꼭 행동으로 옮기고 싶은 가치는 정직, 친절, 그리고 끈기였다.

1. _____

2. _____

3. _____

4단계: 당신의 목표를 설정하라

당신의 열정과 가치가 모여 중요한 목표를 형성한다. 비단 커리어로의 목표뿐 아니라 인생의 목표 말이다. 따라서 시간을 들여 목표를 고민해봐야 하는 건 굉장히 중요한 일이다.

예를 들어 당신이 스포츠 및 사람들과 어울리기를 좋아하고 지속적 자기계발이 자신에게 가장 중요한 가치 중 하나임을 깨달았다면 당신의 목표는 '스포츠를 통해 사람들과 교류하며 즐거움을 얻는 것', 혹은 '스포츠를 이용해 긍정적 사회 변화를 이끌어내는 것'이 될 수 있다. 한편 당신이 책을 좋아하고 시끄러운 이들을 싫어하며 평등을 실천하고 싶다면 '모든 사람들이 독서 기회를 평등하게 누리는 사회'를 목표로 설정할 수 있을 것이다.

이쯤 되면 이 책이 괜히 뜬구름 잡는 소리나 하는 건 아닌지 의구심이 들 수 있다. 충분히 이해한다. 이따금 당신의 목표에 걸맞은지 여부를 따질 새도 없이 당장 일자리를 구해야 하는 처지에 놓일 때도 있다. 하지만 아무리 그래도 자신의 가치만큼은 지킬 수 있어야 한다. 당신이 현재 하고 있는 일의 궁극적 목표에서 만족을 느끼지 못한다면 몸과 마음을 다해 열정을 쏟을 수 없다. 그리고 당연히 그 일을 잘 해낼 수도 없다. 단순히 선헤엄을 치는 사람과 수영으로 영국 해협을 건너려고 하는 사람이 있다면 그 차이를 한눈에 알아볼 수 있다. 후자의 경우 성공이라는 목표가 있기 때문이다.

그래서 이미 성공한 기업들에는 대부분 명확한 목표가 존재한다. 이케아IKEA의 목표는 "더 많은 이들에게 더 나은 일상을 창조하는 것"이고, 부파BUPA(영국에 본사를 둔 국제 의료 및 보험 그룹 - 옮긴이)의 목표는 "더 오래, 더 건강하게, 더 행복하게 사는 삶"이다. 나이키NIKE는 "전 세계 모든 운동선수들에게 영감과 혁신을 불어넣는다. 신체가 있다면 당신 역시 운동선수다"를 모토로 삼는다. 당신은 어떨지 모르지만 나는 이러한 목표를 읽기만 해도 에너지가 샘솟는 기분이다.

이번엔 성공한 인물들의 예를 들어보자. 영국의 성공한 기업가 리처드 브랜슨은 자신의 목표에 대해 "내 삶의 여정에서 재미를 찾고 나의 실수들에서 교훈을 얻는 것"이라고 말했다. 오프라 윈프리는 "내 학생들이 스스로 가능하다고 여기는 것 이상의 존재가 될 수 있도록 영감을 불어넣는 교사"로 알려지고 싶어 했다. 이 사람들은 우리 대다수가 평생 이룰 것보다 훨씬 많은 걸 성취했으며 그 과정은 이들이 중요시하는 가치에 고스란히 드러나 있다. 브랜슨이 재미와 수용을, 오프라가 가르침과 동기 부여를 강조한 데에서도 이들의 열정과 가치가 고스란히 빛나고 있다는 걸 알 수 있다.

언젠가 누군가 내게 "당신 가족의 목표가 뭔가요?"라고 물은 적이 있다. 솔직히 그때는 적잖이 당황했다. 그리고 "좋은 질문이네요. 나중에 말씀드릴게요" 하고 어물쩍 넘어갔다. 하지만 이내 가족과 논의하는 시간을 통해 우리 가족은 사회에 공헌할 만한 사업체를 설립하는 것과 더불어 좋은 일에 사람들을 연결해주고 싶어 하는 욕구가 크다는 결론을 내렸다. 여기서 목표 설정이 한 가족의 운명에 얼마나 큰 영향을 미칠 수 있으며, 이렇게 목표를 명확히 해두는 게 비즈니스 및 커리어와 관련된 결정을 내릴 때 얼마나 큰 도움이 되는지를 알 수 있다. 갈림길에 서 있거나 뭔가 결정을 내려야 하는 시점이라면 이렇게 자문해보자. "이걸 선택하면 나의 최종 목표에 도움이 될까?" 그러면 다른 많은 선택지들이 떨어져 나가면서 당신이 가야 할 길이 훨씬 뚜렷이 드러나게 된다.

여기 당신의 목표를 적어보자.

내 목표는

_____

_____

_____

거울을 매일 들여다봐야 하는 이유

· · · · · · · · · · ·

다음 단계로 넘어가기 전에 잠시 호흡을 고르는 시간을 가져보자. 그러고 나면 당신이 최종적으로 선택한 커리어가 당신과 맞지 않는다는 결론에 이를 수도 있다. 혹은 당신 자신에 관해 새로운 사실을 깨닫기는 했지만 어떤 길을 가야 하는지 여전히 모호하기만 할 수도 있다. 두 가지 경우 모두 혼란스럽겠지만 그래도 5년 후 당신의 일에서 설명할 수 없는 참담함을 느끼는 것보다는 훨씬 낫다. 당신의 열정, 가치와 목표는 삶의 나침반과 같아서 적절한 시기에 최고의 결정을 내릴 수 있도록 당신을 이끌어줄 것이며, 따라서 커리어에 관해서는 이들과 꼭 들어맞는 선택을 해야만 한다.

거울을 들여다보면서 이렇게 묻자. "나는 누구일까? 어떤 사람이 되고 싶을까? 그리고 어떻게 하면 그렇게 될 수 있을까?" 분명 어려운 질문이고 아직은 모두 답할 수 없겠지만 분명한 건 당신이 이미 출발선을 넘었다는 사실이다.

예전에 매치 오브 더 데이Match of the Day(프리미어 리그 시즌 동안 토요일 저녁에 BBC 원 채널에서 방송되는 축구 하이라이트 및 분석 프로그램 - 옮긴이)를 보면서 전 축구선수인 앨런 시어러의 말에 깊은 영감을 받은 적이 있었다. 그는 맨체스터 유나이티드 선수들에게 매일 아침 거울을 장시간 응시하면서 다음과 같이 묻도록 조언했다. "오늘 어떻게 나의 최선을 발휘할 것인가?" 저녁에도 똑같은 시간을 갖되 다른 질문을 던지게 했다. "나는 오늘 팀에 공헌했는가?" 맨체스터 유나이티드가 이후 무려 여덟 경기를 연속으로 이기는 전례 없는 성적을 기록했다는 사실은 주목할 만하다. 당신이 100만 파운드의 몸값을 자랑하는 스트라이커가 아니라고 해도 이 같은 성찰의 힘을 이용해 당신의 영혼 및 삶의 정수에 접근할 수 있을 것이다.

SUMMARY

- 당신의 커리어를 계획할 때 자아 성찰은 결코 빠트릴 수 없는 첫 번째 절차다. 자신에 대해 분명히 파악하고 있을 때에만 올바른 결정을 내릴 수 있기 때문이다.

- 첫째, 거울을 들여다보면서 자신에 대해 정확히 인지하는 법을 터득하라.

- 둘째, 당신이 좋아하는 것과 싫어하는 것을 파악하라. 당신의 발전에 강력한 원동력이 될 것이다.

- 셋째, 당신이 소중히 여기는 가치를 파악하라. 비로소 일에서 만족감을 누릴 수 있을 것이다.

- 넷째, 당신의 목표를 설정하라. 그래야 올바른 방향으로 나아갈 수 있다.

| 생각해봅시다 |

- 이번 장에 제시된 질문에 답하면서 자신에 대해 알게 된 것 중 가장 놀라운 사실은 무엇인가?

- 자신에 대해 좀 더 많이 알게 된 지금 당신의 계획을 어떻게 변경하고 싶은가?

2장

파티에 가라

POOH'S STICK GAME

"가자, 재미있을 거야."

그가 말했다.

"싫어, 혼자 가. 난 그냥 집에서 축구나 볼래."

"그러지 말고 가자니까. 다들 올 거란 말이야. 가서 맥주나 한잔하
자. 나가는 게 너한테도 좋을 거야."

"됐어, 난 괜찮아."

"후회할 텐데."

잠시 침묵.

"흠, 좋아." 내가 말했다. "딱 한 시간만이야. 그리고 난 집에 올 거
야, 알았지?"

"좋았어!"

"잠깐, 옷만 좀 갈아입고 가자."

오래전, 어느 추운 수요일이었다. 퇴근하고 집에 돌아왔는데 사촌
인 톰이 나가서 친구들과 술이나 한잔하자고 꼬드겼다. 별로 중요한
대화도 아닌데 왜 굳이 지금 이 이야기를 하는지 아마 궁금할 것이다.

실제로 젊은 시절 나눈 대화들 중엔 이보다 더 흥미로운 게 많다. 하지만 돌이켜봤을 때 이날은 내 삶을 결정지은 가장 중요한 날 중 하나였다. 그날 저녁, 평생을 함께하며 내 여섯 아이의 엄마가 될 여성을 만났기 때문이다. 물론 그때는 이렇게 될 줄 전혀 몰랐고 만약 알았다면 그녀는 질색했을 게 분명하다. 하지만 여기서 중요한 건 당시 사소하게만 보였던 외출 권유가 우리 부부 모두의 인생을 바꿔놨다는 사실이다.

일반적으로 20대에는 우리의 삶에서 가장 중요한 세 가지 결정을 내리게 된다. 어디서 살지, 누구와 함께 살지, 그리고 온종일 뭘 하며 살지(다시 말해 어떤 직업을 가질지)가 그것이다. 이 세 가지는 시간이 흐르면서 바뀔 수도 있지만 대개 이 시기에 커다란 가닥을 잡게 된다. 그리고 그 결정은 상당수 갑작스러운 초대 및 대화의 결과일 때가 많다.

혹시 혼돈 이론Chaos Theory에 대해 들어봤는가? 그중에서도 가장 유명한 개념 중 하나는 나비의 날갯짓이 몇 주 후 수마일 떨어진 곳에서 거대한 토네이도를 일으킬 수 있다는 것이다. 마찬가지로 누군가와의 계획하지 않은 우연한 만남이 당신의 삶을 완전히 바꿔놓을 수 있다. 내 친구 네빌이 말했듯 "언제 당신에게 행운이 닥칠지는 결코 알 수 없다."

많은 사람들이 지인을 통해 일자리를 구한다. 따라서 당신의 인적 네트워크를 지속적으로 확대해나가는 일은 매우 중요하다. 다시 말해, 당장은 별로 얻을 게 없어 보이는 만남의 자리라도 언제 어떤 결실이 생길지 모르는 만큼 참석하는 게 중요하다는 뜻이다. 실제로 최근에 만난 한 남성은 자신이 지금껏 가졌던 대부분의 일자리를 지인의 소개로 구했는데 모든 소개가 처음에는 다 가벼운 대화에서 시작됐다고 털어놓았다.

내가 비즈니스와 관련해 내린 최고의 결정 역시 일상적 대화로부터 시작되었다. 지난 1995년 봄, 평소처럼 근무하고 있는데 전문 기술자이자 지금도 여전히 뤼드에서 일하고 있는 션이 내 사무실을 찾아왔다.

"좋은 생각이 있어요." 그의 말에 나는 귀를 쫑긋 세웠다(내 주의를 끌 수 있는 최고의 방법은 "좋은 생각이 있어요"라고 말하는 것이다).

"뭔데 그래, 션?"

"웹사이트를 개설해야 돼요."

"웹사이트가 뭔데?" (그때가 아마 1995년일 것이다.)

내 질문에 션이 최선을 다해 답한 이후 (당신 같으면 웹사이트를 한 번도 본 적 없는 사람에게 어떻게 설명할지 상상해보라) 나는 한번 해볼 만하겠다는 데 동의했다. 션은 우리의 하청업자 중 한 명과 대화하다 이런 아이디어를 떠올렸다고 했는데, 그 사람이 과거에 '광대 팬케이크'라는 어린이 파티업체를 운영했던 것이다. 당시 우리의 요청으로 그가 설계해준 견본 사이트의 사진을 나는 지금도 갖고 있다. 각 버튼을 클릭하면 우리 비즈니스의 여러 특징들이 설명되는 방식이었는데 오늘날의 기준으로 보면 조악하기 짝이 없다. 또 한쪽 구석에는 '라이브 일자리'라는 링크가 있어서 우리 기업의 접수 담당자 케이가 올려둔 일자리들을 볼 수 있었다.

그 일을 시작으로 마침내 우리 웹사이트를 통해 누군가 일자리에 지원하고 끝내 합격하는 짜릿한 일이 벌어졌다. 얼마나 기념비적인 일인가! 그때까지만 해도 거주 지역이 아닌 다른 곳의 일자리는 알아볼 방법이 마땅치 않았다.

예를 들어 만약 당신이 버밍엄에 사는데 베이싱스토크에 있는 일자리를 구하고 싶다면 하루 날을 잡고 거기까지 가서 고용센터에 등록하거나, 아니면 지역 신문을 구독하는 수밖에 없었다. 하지만 우리는 고용기업 중 최초로 다른 지역의 일자리까지 한눈에 볼 수 있는 웹사이트를 개설한 것이다.

이 이야기의 핵심은, 당시에는 우리의 새 웹사이트가 별것 아닌 듯 보였지만 나중에는 온라인 사업의 초석이 되고 결국 돌파구가 되어 판도를 바꿔놨다는 데 있다. 우리는 온라인 세계에 진출한 최초의 영국 기업이 되었고, 우리 사이트는 영국 최고이자 유럽 최대의 일자리 사이트로 자리매김했다. 마찬가지로 낯선 사람과 우연히 나누는 대화가 미처 가능하다고 생각하지 못했던 흥미로운 결과를 가져올 수 있다. 인생을 변화시킬 수 있는 일상 속 대화와 초대의 힘, 그리고 거기서 얻을 수 있는 새로운 아이디어에 관심을 기울일 가치는 충분하다.

인간관계의 변화를 일으키는 특성은 최근 사랑하는 삼촌 제레미가 돌아가셨을 때에도 뼈저리게 느낄 수 있었다. 장례식은 삼촌이 성인이 된 후 교사로 일하며 삶의 대부분을 보낸 머지사이드 주 버컨헤드에서 열렸다. 장례식에 모여든 엄청난 인파는 내게 깊은 인상과 감동을 남기기에 충분했다. 삼촌은 해양 소년단, 교회, 지역 예술 단체 및 오케스트라 등 지역사회 일에 다양하게 관여하셨다. 어느 모로 보나 소위 말하는 파티형 인간은 아니셨지만 기본적으로 사람들, 그리고 그들이 하는 일에 관심이 많으셨기 때문이다.

삼촌을 통해 나는 마음을 열어 타인과 관계 맺음으로써 우리의 삶이 풍요로워질 수 있고, 이는 또 우리 모두가 할 수 있는 일이라는 사실을 깨달았다. 깊은 슬픔에 잠겼던 그날 내가 미처 예상하지 못했던 한 가지는 동행했던 나의 아들들 역시 그곳에서 깊은 영감을 받았다는 사실이다.

당신에게 맞는 파티를 발견하는 방법

· · · · · · · · · · · · ·

여기서 내가 말하는 '파티'는 매우 광범위한 개념이다. 단지 음악과 춤, 음식이 있는 자리뿐만 아니라 당신이 일상적으로 속한 집단 이외의 사람들을 만날 수 있는 모든 기회를 뜻한다. 다른 사람들과 함께하는 자선 활동, 동호회, 저녁 수업, 종교 모임, 혹은 취미 활동이 될 수도 있다.

사람들 중엔 항상 외출하는 이가 있는가 하면 매일같이 집에만 있는 이들도 있다. 이런 차이를 만드는 건 무엇일까? 대개는 그들 각자의 인생관이다. 파티에 가는 이들은 주위의 기회를 발견하고, 나가서 사람들을 만나고, 자신을 그들의 사회적 레이더망에 각인시켜 더 많은 초대를 받는다. 반면 항상 집에만 있는 사람들은 이미 알고 있는 이들에게 집중할 뿐 더 많은 사람들을 사귈 기회 따위 원하지 않는다. 마치 파티 같은 것에 곁눈질할 수 없게 '차안대遮眼帶'를 착용한 것처럼 말이다. 만약 당신이 지금 상태에 머물러 있지 않고 성장하고 싶다면 인적 네트워크 확장을 위해 당장 집을 나서야 한다. 그렇다면 당신의 네트워크를 넓힐 수 있는 몇 가지 방법을 살펴보자.

관심사를 가져라

농담 반 진담 반으로 하는 말이다. 당신에게는 이미 몇 가지 관심사들이 있을 게 분명하기 때문이다. 하지만 그런 것들이 새로운 사람들을 만날 기회가 될 수 있다고 생각하는가?

만약 예술에 관심이 있다면 전시회 오프닝 행사에 참석하라. 건강해지고 싶다면 주위에서 마라톤이 열리는지 알아보아라. 누워서 책 보는 걸 가장 좋아한다면 인근의 독서 클럽을 찾아보라. 당신의 관심사와 취미를 활용해 성향이 비슷한 사람들을 만나기 시작하면 갈수록 더 많은 기회들을 발견하게 될 것이다. 예를 들어 전시회 오프닝

행사에서 우연히 나눈 대화를 통해 다음 달에 열릴 또 다른 전시회를 알게 되고, 그곳에서 당신과 같은 업계에서 일하는 누군가를 우연히 만나게 될 수도 있다.

만약 당신이 예술가를 꿈꾼다면 직업 화가나 조각가, 혹은 큐레이터나 전시관 소유주를 만나게 될지 모른다. 어쩌면 그들이 당신에게 일을 시작할 방법을 알려줄 테지만 혹시 아니더라도 당신은 즐거운 시간을 보내면서 흥미로운 사람들을 사귈 수 있다.

인터넷을 활용하라

당신과 같은 열정을 가진 사람들을 찾기가 지금처럼 쉬웠던 적이 또 있을까? 하지만 그렇다고 해서 모니터 앞에 앉아 소셜미디어나 클릭하고 있으라는 얘기는 아니다. 다양한 커뮤니티 사이트를 이용해 당신 주위에선 어떤 일들이 일어나고 있는지 알아보라는 뜻이다. 소셜 미디어 역시 세상이 어떻게 돌아가는지 알아내기에 제격이다. 단, 당신의 관심사와 무관하게 아무 곳이나 참석하는 실수를 해선 안 된다.

당신의 직업과 연계된 네트워크를 활용하라

모든 업계와 직업에는 협회가 존재한다. 당신과 같은 기술과 경험을 가진 사람들이 참석할 수 있는 회의나 이벤트들을 찾아보라. 당신처럼 동종업계 사람들과 어울리고 싶은 이들이 수없이 많을 것이다.

자원봉사를 하라

시간을 내서 지역 (혹은 국가) 프로젝트를 돕는 것은 새로운 사람들을 알게 됨과 동시에 당신의 능력을 보여줄 수 있는 완벽한 방법이다. 예를 들어 당신이 뭔가를 조직하는 데 소질이 있다면 자원봉사로 지역의 조기축구 모임을 만들어보는 것도 좋은 방법이다. 혹은 당신이 가진 마케팅 노하우를 활용해 지역에서 열리는 아트 페스티벌을 홍보하는 건 어떤가?

최근 나는 역사적으로 빈곤율이 높은 런던 그렌펠 타워 인근 주민들이 커리어를 개발할 수 있도록 도와야겠다고 생각했다. 우리는 켄싱턴 및 첼시 재단과 협력하고 스카이 TV의 지원을 받아 4개월간 열 명의 사람들이 컴퓨터 코딩 수업을 듣는 프로그램을 개발했다. 지금껏 뭔가를 배울 기회가 전혀 없었던 사람들이지만 이들은 기꺼이 도전해 적극적으로 자신의 능력을 시험했다.

수업이 끝나갈 무렵 학생들의 마지막 프레젠테이션을 지켜본 나는 그들의 엄청난 발전에 놀라지 않을 수 없었다. 특히 이 프로그램에 참여한 이들 중 한 명은 처음에는 백수였지만 현재는 뤼드에서 일하며 팀에 엄청난 기여를 하고 있다.

스스로 파티를 찾아나서라

부담스럽게 들릴 수 있겠지만 제발 가만히 앉아서 누군가 초대해주기만 기다리고 있지 마라. 능동적인 태도로 당신에게 맞는 이벤트를 찾아나서라. 그 자리에 가는 순간 참석하길 잘했다는 생각이 들 것이다. 심지어 당신만의 파티를 주최할 계획도 세울 수 있다. 예를 들어 당신이 지역사회 단체에 소속돼 있다면 '크리스마스 맞이 퀴즈의 밤'을 직접 기획해볼 수 있는 것이다. 일단 찾기 시작하면 생각보다 많은 기회의 현장을 발견할 수 있을 것이다.

한 번의 힘

· · · · · · · · · · · ·

"아무리 그래도 난 파티에 가는 게 너무 싫어"라고 반발할 수 있다. "누구한테 무슨 말을 해야 할지도 모르겠고 결국 어색하거나 지루하거나, 아니면 둘 다일 텐데, 뭐." 충분히 이해한다. 나도 똑같이 느낄 때가 있기 때문이다. 하지만 그렇다고 해도 도전해야 한다. 한 번의 초대에 응하는 것만으로 당신 삶에 새 장이 열릴 수 있기 때문이다. 반드시 즐거울 필요 없다. 일단 한 번 해보자. 당신은 스스로에게 "최소 일주일에 한 번은 사람들과 어울리는 자리에 나가보겠어"라고 주문을 걸어야 한다. 자신에게 편안한 공간을 자주 벗어날수록 그런 공간이 더 많아질 테고, 사람들과 이야기 나누는 데 익숙해질수록 초기의 불편함은 점차 잊게 될 것이다.

사람들로 가득한 공간에 들어서면 주눅부터 들 수 있지만 장담컨대 그 자리에 있는 많은 이들도 어색하기는 마찬가지다. 그래서 누군가 먼저 다가와 자신을 소개하면 기쁘게 반길 수밖에 없다. 사람들이 파티에 가는 이유는 다른 이를 만나 이야기하고 싶어서인데 당신과 이야기하고 싶지 않을 이유가 어디 있는가? 그리고 웬만하면 일찍 도착하는 게 좋다. 그래야 낯선 이들을 한꺼번에 너무 많이 마주하는 상황을 피할 수 있기 때문이다.

사람들을 사귀는 데에는 눈덩이처럼 불어나는 효과가 있다. 어디서든 처음에는 겉도는 듯 느끼다 한 사람을 알게 되면 다른 사람을 알게 되고, 이어서 또 다른 사람을 알게 되고, 이런 식으로 몇 주나 몇 달이 지나면 어느새 새로운 멤버에게 자기소개를 하고 있는 자신을 발견하게 된다. 그리고 이내 붙박이 중 한 명, 즉 고정 멤버가 된다.

그러니 파티에 가는 것에 대해 너무 깊이 생각하지 마라. 스스로에게, 그리고 다른 이들에게 뭔가 선물한다는 생각으로 시도하자. 만약 별 재미를 느끼지 못한 채 집에 돌아오더라도 괜찮다. 그렇다고 해서 오늘 잃은 것도 없을뿐더러 다음번에는 오늘보다 나을 테니 말이다. 지금은 알 수 없지만 향후 당신의 삶에서 중요한 인물이 될 사람을 오늘 만났을 수 있다. 또 당신 옆에서 30분 동안 숨도 쉬지 않고 떠들어댄 사람의 지인의 지인이 추후 당신을 도와줄 수도 있다. 혹시 운이 나쁘다면 그들 중 누군가가 당신의 여동생과 결혼할지도 모른다. 생각해보라. 파티에서 만난 사람이 별 뜻 없이 한 말에 내 커리어를 발전시킬 좋은 생각이 떠오르고, 이 생각이 꼬리에 꼬리를 물어 결국 삶이 달라질 수도 있다. 내가 아이들에게 입버릇처럼 말한 대로 '좋아'라고 말하는 데 인색하지 않으면 이내 모험이 시작될 것이다.

파티에서 무슨 얘기를 할까

. . . .

사람들에 둘러싸인 자리에서 도무지 무슨 말을 해야 할지 모르겠는 것만큼 난감한 일도 없지만 파티에 간다고 해서 매번 그런 상황에 놓이는 건 아니다. 약간의 준비만 하면 된다. 발표에 대해 생각해보자. 대부분이 사람들 앞에 나서는 걸 끔찍이 싫어하는데 그건 내가 아는 최고의 발표자들도 마찬가지다. 이들은 불안하기 때문에 발표 준비에 최선을 다하고 그 과정에서 차츰 자신감을 얻는다. 아무것도 안 하는데 자신감을 샘솟게 해주는 마법의 지팡이 따위는 존재하지 않는다.

대화를 어떻게 시작하면 좋을지 참고가 될 만한 예시를 몇 가지 준비했다.

"오늘 어떤 게 제일 좋으셨어요?"

예전에 누군가 내게 이렇게 물어온 것을 나는 결코 잊지 못한다. 이 질문에 대한 답변은 상대방에 대해 많은 걸 알려주는데 그들이 와서 뭘 했는지뿐 아니라 어떤 걸 즐겼는지도 알려주기 때문이다. 이를 시작으로 더 많은 질문이 이어진다면 첫 단추는 잘 끼워진 셈이다.

"이곳에 대해 어떻게 알게 되셨어요?"

현재 있는 곳이 화제의 장소라면 이 질문으로 시작하는 것도 좋다. 그리고 그곳에서 진행되고 있는 다른 이벤트에 관한 대화를 이어갈 수 있다.

"이 파티를 주최한 사람과 어떻게 아는 사이세요?"

이는 이것에 참석한 사람들의 관계를 알아낼 수 있는 훌륭한 방법이다.

"오늘 ○○에 대해 들으셨어요?"

이렇게 최근 뉴스나 화제가 되는 소식에 관한 이야기를 꺼낼 수도 있다. 답변을 통해 그들의 생각을 파악하고 거기서부터 대화를 이어가보자.

"요즘 무슨 일로 바쁘신가요?"

현재 상대방이 몰두하고 있는 일이나 취미에 대한 구체적인 이야기를 나눌 수 있다.

보다시피 위의 대화들이 모두 질문으로 시작하는데 이는 상대방에 대한 관심의 표현이다. 당신도 경험해봐서 알겠지만 사람들은 오로지 자기 얘기만 한다. 그래서 파티가 끝날 때면 '나는 당신에 대해 모든 걸 알지만 당신은 나에 대해 별로 알지 못해'라는 생각이 들 때가 많다. 하지만 다른 누군가에게 관심 있어서 많은 걸 알게 되면 당신은 자동적으로 더 흥미로운 사람이 된다. 당신이 '잘 듣는 사람'이기 때문이다.

지난번에 참석했던 저녁 만찬에서 나는 내 옆자리에 앉은 여성에게 여러 가지 질문을 했는데 만찬이 끝날 때쯤 그녀가 이렇게 말했다. "정말 즐거운 시간이었어요." 나는 거의 말을 하지도 않았는데 말이다. 여기서 분명히 알 수 있는 한 가지는 상대방의 말을 들어주는 건 배움의 행위요, 내 얘기를 하는 건 아니라는 것이다.

외출해서 가능한 한 많은 사람들을 만나고, 타인에게 항상 열린 마음으로 다가가라. 콧수염을 기른 사람이 처음에는 다소 이상해 보이더라도 이달에 만난 이들 중 가장 매력적인 사람이 될 수 있다. 지금과 같은 소셜 미디어 시대에 사람들은 자신의 영역 내에서, 같은 생각을 가진 이들하고만 교류하려는 경향이 있다. 우리는 좀 더 열린 태도로 연령과 직업을 막론하고 모든 종류의 사람들과 대화할 필요가 있다. 그들을 통해 더 많은 정보를 얻고 풍요로워질 수 있기 때문이다. 자칫 간과하기 쉬운 사실이지만 나는 뤼드에 방문할 때마다 접수 담당자부터 지역 감독관에 이르는 모든 이들과 대화해보려고 노력한다. 결국 우리는 같은 팀이고, 누가 번뜩이는 아이디어를 낼지는 아무도 모르는 일 아니겠는가. 만일 내가 모두에게 다가가지 않는다면 끝내 알 수 없을 것이다.

일단 초대에 응하는 습관을 들이고, 나아가 직접 다른 사람들을 초대한다면 당신의 삶은 더 풍요롭고 다채로우며 흥미로워질 것이다. 이런 자리는 커리어 및 직업을 개발하는 든든한 발판이 될 수 있는데 한결 열정적이고 열린 태도로 다양한 가능성을 탐색하게 되기 때문이다. 뿐만 아니라 당신에게 도움을 줄 만한 이들을 만나고 인적 네트워크도 확장시킬 수 있다. 파티에 가는 데에는 사실상 잃을 것이 없다.

SUMMARY

- 당신의 삶을 바꿔놓을 사람을 언제 어디서 만날지 알 수 없는 만큼 가능한 한 많은 사람들을 만나는 게 중요하다.
- 파티에 가면 당신의 삶과 커리어를 풍요롭게 해줄 기회를 얻을 수 있다.
- 어떤 파티에 가야 할지 고민스러울 때는 당신의 관심사와 관련된 이벤트를 찾거나, 인터넷 검색을 하거나, 직장에서 쌓은 인맥을 활용하거나, 자원봉사를 하는 것 등이 도움이 된다.
- 외출할 기분이 아니더라도 일단 집을 나서라.
- 파티에서 대화를 시작할 수 있는 몇 마디 말을 미리 준비한다면 파티에서 어울리는 일이 한결 즐거울 것이다.

| 생각해봅시다 |

- 달리기 동호회, 합창단 등 당신이 일상적으로 소속된 단체 이외의 활동을 고려해본 적 있는가? 있다면 무엇인가?
- 마지막으로 참석했던 파티에서 무엇을 깨달았는가? 그리고 그 깨달음을 어떻게 활용할 것인가?

3장

푸스틱 게임을
기억하라

POOH'S STICK GAME

어린 시절, 그림책『곰돌이 푸는 아무도 못 말려Winnie the Pooh』를 읽은 적이 있다면 이번 장의 제목이 특별하게 다가올 것이다.『푸야 그래도 나는 네가 좋아The House at Pooh Corner』에서 푸는 친구 이요르와 함께 놀다 전나무 방울을 다리 밑으로 떨어뜨리는데 이때 우연히 게임 하나를 개발한다. 전나무 방울이 강물에 떠내려가는 모습을 바라보다 다리 밑에 먼저 도착하는 방울이 이기는 게임을 생각해낸 것이다. 이 게임이 바로 이 책의 제목이기도 한 푸스틱이다(푸는 결국 찾기가 더 쉽다는 이유로 전나무 방울을 나뭇가지로 바꾼다).

논리는 단순하다. 강에서 가장 빠른 물살을 타고 오는 나뭇가지는 이기고 이보다 약한 물살에서 느릿느릿 오는 나뭇가지는 진다. 이때 나뭇가지가 바위나 통나무에 걸려 다리 밑까지 못 오는 최악의 상황이 벌어질 수도 있다.

여기서 유의할 건 가장 매끈하고 날렵하게 생긴 나뭇가지라고 해서 항상 이기는 건 아니라는 사실이다. 정작 승리하는 건 물살의 에너지를 이용해 가장 멀리까지 제일 먼저 가는 나뭇가지다. 마찬가지로 당신도 커리어를 성장시키려면 빠르게 흐르는 강물을 찾아내야한다. 이제 막 높은 수요를 기록하기 시작한 분야나 형태의 일자리말이다. 이렇게 다른 사람들보다 높은 곳까지 올라갈 수 있는 분야에 커리어를 확립하면 개인적으로 최고의 기술을 갖추고 있거나 누구보다 똑똑하지 않아도 상관없다. 그런데 이와는 정반대로 만약 당신이 독보적 업무 능력을 자랑하는 고위 관리인데 하향 산업에 종사하고 있다면 빠르게 성장하는 분야의 일반 관리자만큼도 올라가기힘들 수 있다.

몇 년 전, 나는 인도네시아 롬복 섬의 아늑한 열대 해양에서 처남인 피터와 함께 스쿠버 다이빙을 했다. 엄청난 크기의 조개와 거북이들을 찾아 산호 모퉁이를 돌았을 때 날카로운 송곳니에 커다란 턱까지 갖춘 창꼬치 떼가 마치 우리를 놓치지 않겠다는 듯 에워쌌다.

처음에는 겁났지만 잠시 후 나는 그들의 유연한 움직임에 완전히넋을 잃었다. 지금껏 경험한 것 중 가장 아름답고 환상적인 생명체라 할 수 있었다. 이제 무슨 일이 일어날까? 우리가 좀 더 헤엄쳐서산호 모퉁이를 돌아가자 내 질문에 답이라도 하는 듯 얼음처럼 차가운 물살이 우리를 휩쓸고 지나갔다. 다시 중심을 잡기 위해 애쓰는사이 내 마음은 몸보다 빠르게 헤엄쳐 갔다. 나는 내가 어느 방향으로 가고 있는지, 내 다이빙 메이트가 곁에 있는지조차 알 수 없었다.이쯤 되니 창꼬치 떼는 경고였구나 싶었다.

그때 표류 잠수 훈련을 하던 생각이 떠올랐다. 고급반에서 스쿠버 다이빙을 배울 때 습득해야 하는 기술 중 하나가 물살을 거스르는 방향으로 헤엄치지 않아야 한다는 것이다. 대신 물살이 우리를 원하는 만큼 멀리 데려갈 수 있도록 몸을 맡겨야 한다. 마침내 물살이 약해지자 나는 수면 위로 올라가 보트에 태워달라는 신호를 보냈다. 보트에 올라 주위를 돌아보고는 별로 힘도 들이지 않고 이렇게나 멀리 왔다는 사실에 놀랐다.

그 순간 내가 다리에서 급류로 떨어져 상당히 빨리 반대편으로 흘러온 나뭇가지 같다는 생각이 들었다. 그리고 이는 가까운 미래에 수요가 급증할 분야에서 특정 역할을 확립했을 때 당신에게 일어날 수 있는 일이다. 당신은 잔잔한 물살을 선택할 때보다 훨씬 많은 것을 보고 훨씬 멀리 여행하게 될 것이다. 당신의 커리어에 로켓 추진 장치를 다는 데 이만한 방법도 없다.

빠르게 성장하는 분야
. . . .

그렇다면 어떤 종류의 산업과 분야에 종사하는 게 가장 좋을까? 이는 끊임없이 변한다. 학생 시절, 친구들 중 상당수는 경영 컨설턴트나 기자, 혹은 투자 전문가가 되고 싶어 했다. 하지만 오늘날에는 이들 중 어떤 것도 빠르게 성장한다고 볼 수는 없지 않은가? 심지어 경영 컨설팅도 당신이 좋아하고 또 소질이 있다면 훌륭한 길이 될 수 있겠지만 급속히 성장하는 분야는 아니다. 그보다 생명공학, 유전학, 로봇공학이 상승세다. 이쯤 되자 나도 학교 다닐 때 과학 관련 수업을 더 열심히 들어둘걸 하는 아쉬움이 든다.

수요가 급증하는 분야는 해마다 달라지겠지만 현재로서 일자리 기회가 증가 추세에 있는 분야들은 다음과 같다.

- 인공지능
- 생명공학
- 사이버 보안
- 데이터 관리
- 재테크
- 그린 에너지와 기술
- 의학 연구
- 가상현실
- 정신 건강

당신이 이 책을 읽을 때쯤에는 또 달라지겠지만 광범위하게 볼 때 현재로서 가장 빠르게 성장하는 고용 분야는 기술, 의학 연구 및 재생 에너지가 아닐까 싶다. 여기서 당신은 이렇게 생각할 수 있다. '다 좋은데 난 기술에는 젬병인걸. 그런 쪽하고는 전혀 맞지 않아. 이 책 도입부에서 내 성향을 분석해봤을 때 나는 사람들을 돌보고 함께 팀

꾸리기를 좋아하는, 활동 지향적이고 현실적인 성향으로 결론 났어. 이 분야들은 어떤 것도 나랑 어울리지 않아.'

하지만 고용이 빠르게 늘고 있는 분야들 중 당신과 맞는 게 아무 것도 없다고 해도 좌절할 필요는 없다. 당신 자신을 맞출 방법은 항상 있기 때문이다. 자신의 열정과 기술, 잘하는 것과 못하는 것을 충분히 고려하더라도 급성장 산업에 지원하는 건 얼마든지 가능하다.

당신이 사람들과 함께 일하는 걸 워낙 좋아해 혼자서 헤드폰 끼고 키보드 두드리며 차세대 블록버스터 가상현실 게임을 개발하는 일은 어지간해서는 하고 싶지 않다고 가정해보자. 게임 회사에 프로그래머만 필요한 것은 아니다. 이곳에도 사람들을 다루는 기술이 흠 잡을 데 없이 뛰어나 자사의 기술 판매를 돕고, 각 팀이 훨씬 효율적으로 일하도록 해줄 인력이 간절히 필요하다. 당신이 그런 사람이 될 수 있다. 아니면 재무 서비스는 어떤가? 설사 숫자 천재가 아니라고 해도 빠르게 성장하는 재테크 산업은 은행 및 금융 기관들을 도와 고객들이 한결 손쉽게 자산 관리를 할 수 있게 해주었다. 만약 모험을 좋아한다면 재테크 분야에 벤처 기업(과 더 큰 기업들)이 넘쳐나고, 하나같이 다양한 기술과 관점을 가진 사람들을 필요로 한다는 사실을 기억하라. 뿐만 아니라 당신은 고객 관리자, 프로젝트 매니저나 행정관이 될 수 있고 그 자리에서도 얼마든지 역량을 발휘할수 있다.

충분히 공들여 살펴봤다면 급성장 분야 중에도 각자에게 맞는 분야가 엄연히 존재한다는 사실을 깨달았을 것이다. 내 사무실에 앉아 이 책을 쓰고 있는 지금도 나는 책상 너머로 개발자, 고객 전문가, 데이터 과학자와 마케터들을 볼 수 있다. 이들은 우리 사업의 효율성을 높인다는 공동의 목표를 위해 일하고 있지만 가진 기술, 경험과 욕구는 각각 다르다.

다시 한번 나를 예로 들면 학교에서 나는 과학을 그리 잘하지는 못했지만 기술에는 항상 관심이 많았다. 기술 그 자체가 좋았다기보다 기술이 사람들의 생활을 발전시킬 수 있다는 점이 흥미로웠기 때문이다. 내게는 그게 중요했다. 그래서 나는 우리 기업의 기술에 인간적 요소를 더했다. 당신의 강점, 재능과 흥미를 수요가 높은 분야에 적용하는 건 당신의 푸스틱에 터보 엔진을 장착하는 것과 마찬가지다. 그러면 최소한의 노력만으로 물살을 헤치고 승리의 고지로 나아갈 수 있다.

느리지만 의미 있는 일

• • • • • • • • • • • • •

글을 쓰다 보니 성장세를 기록하고 있지 않은 분야에서도 그 안의 일부 직업은 성장할 수 있다는 사실에 생각이 미친다.

최근 나는 CXO Customer Experience Officer, 즉 최고 경험 관리자를 고용했다. 몇 년 전만 해도 들어본 적 없는 직책이지만 오늘날 우리는 수

많은 다른 업계들처럼 고객의 경험을 운영의 중심에 놓는 데 특히 집중하고 있다. 디지털 기술의 발달로 각 기업은 고객들과 신속하고 정확하게 소통할 수 있게 되었고, 결과적으로 고객들의 기대는 높아 졌다. 이제 기업들은 고객들을 만족시키고 유지하는 데 더 많은 노력을 기울여야 한다. 이는 고객 관리 업무가 갈수록 중요해지고 있으며 새로 고용한 내 CXO 같은 사람들에 대한 수요가 급증한다는 사실을 의미한다.

얼마 전 이야기 나눈 한 사람은 최근 데브옵스_{DevOps}라는 직업이 인기라고 말해주었다. 개발된 기술이 기업 내, 특히 클라우드 컴퓨팅 서비스 내에서 어떻게 활용될 수 있을지 관련짓는 것으로 이 직업은 억대 연봉을 자랑한다. 수년 전에는 존재조차 하지 않았지만 클라우드 컴퓨팅 수요가 폭발적으로 증가하면서 그 여파로 관련 직업들까지 성장하고 있는 것이다. 이는 향후 무슨 일을 할지 고민할 때 무섭게 성장하는 분야를 정확히 알고 있는 게 얼마나 중요한지 보여준다.

하지만 빠르게 성장하는 직업이라고 해서 반드시 화려한 결과를 보장하는 것은 아니다. 특히 음악이나 방송 같은 예술 부문의 직업들은 경쟁이 너무 심해 여기서 성공하는 건 마치 경사면에서 물을 올려 보내는 것만큼이나 어려운 일이다. 눈부시게 반짝이는 강이 아니더라도 제 속도대로 흐르고 있다면 그걸로 충분하다.

급류를 발견하는 법

• • • • • • • • • • • •

당신의 커리어를 발전시킬 급류를 발견하는 것은 마치 물의 흐름을 예측하는 것과 같다. 말은 쉽지만 실천은 어렵다는 뜻이다. 결국엔 널리 알려지지 않은 분야와 직업을 찾아야 하는데 물의 표면만 보고 어디로 흐르는지 항상 알 수 있는 것은 아니다. 이 부분에 대해 조언하는 게 쉽지는 않지만 당신만의 급류를 발견할 수 있는 세 가지 방법을 소개하고자 한다.

1. 호기심을 갖고 열린 마음을 유지하라

파티에 가라고 조언했던 것 기억하는가? 사람들과 대화하라. 질문하라. 다양한 주제의 블로그들을 구독하라. 인근 지역에서 벌어지는 일을 파악하라. 무엇이 변하고 있는가? 새로운 건 무엇인가? 흥미로운 건?

뤼드의 직원들은 사람들에게 일자리를 제공해줄 새로운 기업들뿐 아니라 빠르게 성장하는 분야의 기업들도 항상 물색하고 있다. 고속 성장하는 분야가 어디인지 알아내기 위한 연구도 시행 중이다. 이들이 사무실을 확장하는 이유가 무엇이겠는가?

마찬가지로 주변에서 무엇이 변하고 무슨 일이 벌어지는지 늘 파악하고 있으면 당신의 커리어와 관련된 흥미로운 기회들이 다양하게 펼쳐질 것이다.

2. 당신의 강점을 고려하라

여기서 거울을 들여다보는 행위의 성과를 거둘 수 있다. 당신은 무엇을 잘하는가? 좋아하는 건? 그리고 이 두 가지 조합이 어떻게 당신을 커리어의 급류로 이끌어줄 수 있는가? 예를 들어 금융 분야에 흥미를 느낀다고 해서 (성장세를 보이지 않는) 기존 금융 기관의 일자리만 알아볼 필요는 없다. 그보다 금융계에서 가장 빠르게 변화하는 부문이 어디인지 자문하고 그곳에 당신의 재능을 적용해보라.

런던의 경우, 금융 기술 부문에서 수많은 기업들이 새롭게 탄생하고 고용을 창출해 전 세계 혁신의 한 축을 이루고 있다. 만약 당신이 벤처 기업이 아닌 대규모 투자 은행에서 일한다고 해도 다른 데보다 빠르게 흘러가는 부문이 분명 존재할 것이다. 현재로서 가장 바쁜 부문이 어디인가? 어떤 부서가 성장으로 인한 인력 보강에 나섰는가? 세계적인 금융위기가 여러 차례 발생했지만 금융 분야가 나락에 빠지는 일 따위는 벌어지지 않았다. 여전히 세상은 돈으로 굴러가고 당신도 그 안에서 왕성한 활동을 하고 있다면 훌륭한 커리어를 갖게 될 것이다.

3. 행운을 잡아라

나는 뜻하지 않게 커리어의 급류에 몸을 실었지만 내가 지금 어디에 있는지 깨달았을 때 그 기회를 최대한 활용했다. 당신 역시 급작스레 커리어의 급류를 탈 수 있다는 사실을 기억해야 한다. 일상적으로 다양한 사람들과 대화할 수 있는 시간을 확보해두면 매일 밤 집에 처박혀 배달 음식이나 시켜 먹는 사람들보다 더 많은 행운을 누릴 수 있다.

행운의 핵심은 당신에게 찾아왔을 때 알아보는 것이다. 흥미로운 직업이나 새롭게 떠오르는 산업에 대한 이야기들을 아무 생각 없이 지나치지 마라. 추이를 주시하고 더 많은 정보를 확보하라. 그런 풍문 하나가 결정적 차이를 만드는 기폭제가 될 수 있다.

변함없이 강세인 분야들

최소한 가까운 미래에는 사라질 일이 없고 어느 시대에나 필요한, 내가 이른바 '고요한 강'이라고 부르는 분야에도 수많은 직업들이 존재한다. 이들은 빠르게 성장하지는 않지만 반짝 존재했다 사라지는 것도 아니기 때문에 여전히 높은 가치를 자랑한다. 만약 당신이 이런 종류의 분야에 몸담고 있다면 급물살을 탈 때와는 다른 방식으로 항상 높은 수요를 누릴 것이다. 몸담은 산업의 흐름을 탈 잠재력을 지닌 게 아니라 자신이 '한결같은 소용돌이'로서 언제나 필요하고 유용한 존재가 될 수 있기 때문이다. 일자리는 해결해야 하는 문제라는 점을 감안할 때 항상 처리가 필요한 문제들은 무엇인지 알아보는 것도 좋다.

일례로 교육에 대해 생각해보자. 당신이 교사라면 언제나 바쁠 테고 (가르치는 걸 좋아한다면) 상당한 만족감도 느낄 것이다. 교육의 본질은 시대에 따라 달라지겠지만 어떤 형태로든 항상 필요하다.

뤼드는 최근 여러 학교, 기업 및 커리어 지도팀과 협력해 각 조직이 졸업생들에게 가장 원하는 것은 무엇인지 연구했다. 그 결과 배우고자 하는 마음, 자기 동기 부여, 팀워크, 자신감 및 뚜렷한 주관이 업무와 관련된 기술보다 훨씬 중요한 것으로 나타났다. 이들 모두는 좋은 교사만이 북돋아줄 수 있는 자질로 컴퓨터가 아니라 오로지 살아 숨 쉬는 인간에게서만 배울 수 있다. 학생들이 가장 좋아하는 게 무엇인지 누구보다 관심 갖고 잘 알고 있는 교사로부터 말이다. 따라서 가르치는 일을 좋아한다면 빠르게 성장하는 분야인지 여부를 따지거나 걱정할 필요 없이 그대로 나아가면 된다. 교육은 어떤 방식으로든 항상 전망이 밝은 커리어다.

'한결같은 급류'에는 어떤 일자리와 분야가 있는가? 여기서 일일이 나열할 수는 없지만 대표적인 몇 가지 직업들은 다음과 같다. 알다시피 이들은 기술 세계보다 신체 활동과 관련된 직업인 경우가 많다. 우리 삶에서 인터넷의 비중이 갈수록 높아지고 있지만 우리에게는 여전히 충족시켜줘야 하는 신체적, 물질적 욕구가 존재한다. 이들 분야가 가장 매력적이라고 할 수는 없지만 오랜 시간이 흐른 뒤에도 일련의 만족스러운 일자리들을 제공해줄 수 있다.

- 물리치료, 간호 및 간병 등 간호 의료직 (전 세계 인구는 점점 늙고 있다!)
- 출장 음식 및 손님 접대
- 교육
- 의료
- 판매 (우리는 여전히 사람들로부터 뭔가를 구입하는 걸 좋아한다)
- 배관, 건축 등 전문 기술직
- 폐기물 처리

커리어와 코미디에는 한 가지 재미난 공통점이 있다. 바로 타이밍이 완벽해야 한다는 것이다. 뿐만 아니라 당신은 코미디언처럼 다양한 생각과 아이디어를 예상치 못한 방식으로 조합할 수 있어야 한다. 고유함이야말로 최고의 무기가 될 수 있기 때문이다.

급류에 몸을 던지는 게 막막하게 느껴질 수 있지만 겁부터 집어먹지는 말자. 스쿠버 다이빙을 위해 떠난 여행에서 급류에 몸을 맡겼을 때 처음에는 두려웠지만 나중에는 무척 재미있었고 심지어 한 번 더 해보고 싶기까지 했다. 나는 진짜 위험한 조류는 바닷속 깊숙이 들어가는 것뿐이며, 따라서 몸담은 분야나 역할이 급격한 하락세를 보인다면 재빨리 빠져나와 신선한 공기를 마셔야 한다는 사실을 깨달았다. 푸스틱 게임에서 승리하길 원한다면 무엇보다 빠르게 흐르는 물살부터 찾아내야 한다.

SUMMARY

- 빠르게 성장하는 산업이나 분야에 속해 있다면 하락세인 산업에 있을 때보다 더 적은 노력으로 더 빨리 커리어를 성장시킬 수 있다.

- 이미 내리막길에 들어선 분야라고 해도 맡은 직책이 상승세라면 마찬가지다.

- 당신의 재능과 기술을 빠르게 성장하는 산업에 적용하는 방법은 언제나 존재한다.

- 급성장을 앞둔 분야나 일자리를 찾는 건 쉽지 않다. 만약 쉬웠다면 모두가 거기에 매달렸을 것이다. 당신의 눈과 귀를 항상 사람들을 향해 열어두라.

- 성장세는 아닐지언정 항상 수요가 높은 분야도 존재한다.

| 생각해봅시다 |

- 당신의 관심을 불러일으키는 급성장 분야를 찾아냈는가?

- '거울을 들여다봄'으로써 알게 된 것과 당신의 커리어를 성장시켜줄 산업 간에 연관성을 발견했는가?

4장

나를 최우선에
두어라

이상한 비유처럼 들리겠지만 나는 커리어에서 이기심이 콜레스테롤과 비슷하다고 생각한다. 좋은 이기심과 나쁜 이기심이 동시에 존재하기 때문이다. 나쁜 이기심은 다른 이들의 욕구는 무시한 채 자기 자신, 그리고 자신이 원하는 것만 생각하는 태도다. 반면 좋은 이기심은 자신이 좋아하는 일을 최우선에 둘 때 발휘된다. 좋아하는 일을 하면 에너지가 샘솟고 지속적인 발전을 갈구하게 된다. 이때 그로 인한 혜택을 당신은 물론 당신의 기업 역시 누릴 것이다. 이것이야말로 내가 말하는 '지속 가능한' 이기심, 모두를 이롭게 하는 형태의 욕구다.

이를 거꾸로도 생각해볼 수 있다. 당신의 에너지를 고갈시키고 기분도 가라앉게 만드는 일은 결국 건강을 해치게 돼 있다. 당신의 상사에게도 좋을 게 없기는 마찬가지다. 자원을 빠르게 소진할수록 지구의 미래는 보장할 수 없는 것과 같은 이치다. 삶과 일을 향한 당신의 열정을 함부로 낭비할 수는 없는 만큼 과연 어디에 쏟는 게 가장좋을지 알아보자.

물론 우리는 나쁜 이기심을 어느 정도 다 갖고 있다. 솔직히 나는 내가 다소 이기적이라는 사실을 잘 알고 있다. 아마 나의 아내 역시 이 사실에 적극 동의할 것이다. 하지만 일을 훌륭하게 해내려면 이기심이 필요할 때도 많다. 내 경우 삶에서 일과 관련된 확실한 목표를 갖고 있기 때문에 방해가 되는 것들을 적극 제거함으로써 내 목표를 최우선으로 만든다.

최근 소셜 미디어와 자기 계발서의 소비가 증가하면서 경쟁심리가 지나치게 조장되고 그 결과 1등만 대우받는 시대가 왔다는 지적이 심심치 않게 들린다. 하지만 나는 이런 추세가 이기심을 조장하기보다 자기 인식을 높여준다고 본다. 자신이 무엇을 원하는지, 어떤 일을 할 때 행복한지 스스로 깨달을 수 있기 때문이다.

또한 지속 가능한 좋은 이기심은 나쁜 이기심과 균형을 이룰 수 있다. 일처리를 그저 그렇게 하는 사람과 완벽하게 해내는 사람 사이의 차이를 만들어내는 것은 하고 싶은 일에 집중하고 있는지 여부이기 때문이다.

당신의 일상을 사랑하면 에너지와 만족감이 샘솟는다. 따라서 이번 장에서는 당신이 진정으로 원하는 일을 찾아 즐겁게 해나가는 게 얼마나 중요한지 알아볼 것이다.

공자의 말을 빌리자면 "좋아하는 직업을 선택하면 평생 하루도 일하지 않아도 된다."

이기심이 필요한 순간

· · · · · · · · · · · ·

　이기심이라는 개념은 부정적으로 인식될 때가 상당히 많기 때문에 먼저 좋아하는 일을 하지 않을 때의 단점부터 살펴보도록 하자. 아침마다 출근하는 게 두렵고, 회사에서는 자기도 모르게 30분마다 시계를 확인하지 않는가? 심지어 다음 주말을 기다리는 마음으로 매 순간을 버티는가? 만약 그렇다면 심심한 위로를 보낸다. 현실로부터 또다시 도피할 수 있을 때까지 얼마나 남았는지 날짜만 세는 건 결코 제대로 사는 것이라 할 수 없다.

　물론 당신은 순전히 돈이 필요해 일을 하고 있으며, 지금으로서는 다른 방법이 없을 수도 있다. 충분히 이해한다. 혹은 급여는 높지만 좋아하지 않는 일을 하고 있는지도 모른다. 이런 전후 사정을 훤히 알고 내린 결정이라면 나로서도 할 말 없지만 이들 중 과연 어떤 상황이 오래 지속될 수 있을까? 나는 이런 상황에 처해 있는 사람들을 자주 만나는데 이들은 대개 조기 퇴직에 관한 이야기를 많이 한다. 하지만 그렇게 퇴직하더라도 행복감을 느끼지는 못한다. 이들이 항상 진정으로 원한 건 만족감을 느끼는 것이었기 때문이다. 아니면 달리 뭘 해야 할지 모르기 때문에 현재 하고 있는 일을 그저 계속해 나가기도 한다.

　수년간 금융계에 종사해온 내 친구 존은 예전으로 돌아간다면 이 업계에는 절대 발도 들이지 않을 거라고 말한다. 그는 50대의 다른 수많은 사람들처럼 이제 다른 직업을 찾기에도 너무 늦었다고 생각한다(나이가 많을수록 다른 직업을 찾는 게 어려운 것은 사실이지만 불가능한 일은 결코 아니다).

물론 업무에 대해 정당한 보수를 받는 일은 중요하지만 자신의 일을 사랑하는 수많은 사람들에게 돈이 직업 선택의 최우선 기준인 경우는 거의 없다. 이들이 원하는 것은 단지 차이를 만들고, 그 영향력을 목격하며, 거기서 보상받는 기분을 느끼는 것이다. 물론 이와는 반대의 경우도 성립할 수 있다. 스스로 만족하지 못하는 일을 하는 사람들은 다른 대안이 존재하지 않기 때문에 힘들여 바꿔봐야 소용없다고 생각하기 십상이다. 그런데 어떻게 의욕이 생기겠는가? 자연히 이는 극도의 피로감으로 이어질 수 있다. 보통 '극도의 피로감'이라고 하면 높은 직위의 사람들에게만 나타난다고 생각하기 쉽다. 조직의 최고위층에서 엄청난 책임과 업무량에 시달려 질식하기 직전인 사람들 말이다. 하지만 사실 이는 누구에게나 나타날 수 있다. 그야말로 하기 싫고 지루하며 또 외로운 일에 지속적으로 에너지를 소모해야 한다면 당신의 신체적·감정적 건강이 망가질 수밖에 없기 때문이다.

지금껏 내가 해온 일들 중 가장 하기 싫었던 건 열일곱 살 시절, 올드 윈저의 템스 강변에서 두 달간 했던 묘지 관리 일이었다. 나는 눈이 오나 비가 오나 무덤을 편평하게 고르고, 바닥이 패이지 않게 관리해야 했는데 언제나 혼자였기 때문에 너무나 춥고 힘들고 또 지루

했다. 그래도 다행히 돈을 많이 벌었고 고등학교 졸업 후부터 대학 입학 전까지만 했던 거라 그리 오래 하지도 않았다. 하지만 이 일이 내 평생 직업이었다면 어땠을까를 생각하며 몸서리치기도 했다. 이 일을 하면서 나는 좋아하지 않는 일을 하다 보면 더 이상 빠져 나갈 방법이 없다고 느끼기가 얼마나 쉬운지 깨달았다. 특히 생계를 위해 고군분투하고 있는 거라면 고개를 들고 멀리 바라보며 당신 주위에 널린 기회들을 포착하기가 더더욱 힘들어진다.

지금쯤 좋아하지 않는 일을 직업으로 삼는 것의 문제점을 깨달았 길 빈다. 행복하고 건강하며 언제나 기쁨이 가득하길 바란다면 이런 상태는 결코 지속 가능하다고 할 수 없다. 이 사실을 명심하고 가치 있는 직업의 핵심 요소들을 살펴보자.

좋은 직업의 요건

· · · · · · · · · · · ·

매년 12월, 점심시간을 전후해 런던 피카딜리 거리의 리츠 호텔 문을 열고 들어서면 뤼드의 직원들이 한껏 상기된 표정으로 룸에 들 어서는 모습을 볼 수 있다. 오랜 기간 우리와 함께 일한 동료들을 축 하하기 위한 오찬에 참석하는 것이다. 그 기간은 10년, 20년, 25년, 혹은 30년일 수도 있고 심지어 40년까지도 존재한다. 지난해 12월에 는 총 일곱 번의 오찬이 열려 무려 140명의 직원들을 축하해주었다.

식사를 시작할 즈음 나는 이들에게 이토록 오랜 기간 동안 한 직장을 다닐 수 있었던 이유가 무엇인지 묻는다. 당연히 저마다 다른 답을 내놓지만 몇 가지 공통적인 내용이 있었다. 지금부터 그 대답을 토대로 발견해낸 좋은 직업의 요건을 소개하려고 한다.

1. 당신이 좋아하고 또 잘하는 일이어야 한다

지속가능한 이기심을 발휘할 수 있는 핵심 요건이다. 당신은 반드시 당신의 열정, 가치와 목표에 부합하고 타고난 재능을 최대한 활용할 수 있는 일을 해야 한다. 당신과 잘 맞는 일을 할 경우 최소한의 노력만 쏟아도 큰 성과를 거둘 것이며 직장 동료는 물론 상관으로부터도 인정받을 것이다. 결국 회사는 당신을 붙잡아두고 싶어 온갖 보상을 아끼지 않을 것이고 승진 발령을 낼 것이며, 다른 기업에서는 당신을 스카우트하고 싶어 안달할 것이다. 이는 매일같이 당신이 일에 쏟는 에너지, 헌신과 열정 덕분이다. 당신의 강점을 활용하라.

2. 동료들과 좋은 관계를 유지할 수 있어야 한다

별로 좋아하지 않는 친척과 온 주말을 함께 보내는 고문을 경험한 적 있다면 좋아하지 않는 동료와 주 5일을 같이 일하는 게 얼마나 고역일지 상상이 되고도 남을 것이다. 하지만 운 좋은 일부 사람들은 직장에서 좋은 친구를 사귈 뿐 아니라 그 관계를 평생 지속하기도 한다. 친밀한 관계를 자랑하는 동료는 없을지언정 곤경에 빠졌을 때

도움을 요청하거나, 농담이나 이야기를 주고받을 동료만 있어도 당신의 하루는 완전히 달라질 것이다. 그리고 팀원들의 능력이나 재능이 훌륭한 조화를 이루면 절로 더 열심히 하게 되는 당신을 발견할 것이다.

3. 다양한 기회가 보장돼야 한다

지루하고 정체된 듯한 기분에 사로잡혀 있는 걸 좋아하는 사람은 아무도 없다. 새로운 프로젝트를 맡아 자신의 능력을 확장하거나, 성장할 기회라는 생각에 승진하고 싶은 욕구가 생긴다면 현재 직장에서 더 열심히 하고 싶어질 것이다. 중요한 건 스스로 배우고 성장하며 지속적으로 흥미를 느낄 수 있는 자리를 찾는 것이다.

4. 스스로 차이를 만들 수 있다고 느껴야 한다

『헛소리 직업: 이론Bullshit Job: Theory』에서 인류학자 데이비드 그래버는 아기들이 유익하든 아니든 스스로 뭔가에 영향을 미칠 수 있다는 사실을 발견하면 얼마나 좋아하는지에 대해 설명한다. 독일 심리학자 칼 그로스는 아기가 벽돌로 쌓은 탑을 쓰러뜨리고 기뻐하는 모습을 보면서 이를 '원인으로 존재하는 기쁨'이라고 명명했는데 그의 주장에 따르면 이 같은 욕구와 감정은 평생토록 지속된다. 직접 차이를 만들고 "내가 했어"라고 말하고 싶은 것은 지극히 인간적인 면모다. 현재의 절차를 한층 발전시키든 아니면 완전히 새로운 것을 도입하든 당신의 일을 계속할 수 있으려면 이렇게 영향을 미칠 기회가 제공돼야 한다.

5. 의미 있는 일이어야 한다

얼마 전 나는 런던과 파리, 뉴욕에서 열린 마라톤 대회에 참석했다. 당시 들은 조언 중 가장 힘이 됐던 건 26마일 구간을 달릴 때마다 소중한 한 사람을 떠올리라는 말이었다. 이는 아주 훌륭한 방법이었는데 덕분에 시간이 빠르게 지나갔을 뿐 아니라 특별한 경험도 하게 되었기 때문이다. 그때 나는 보통 몇 시간씩 달렸을 때 느끼는 것과 달리 여러 가지 생각을 하고 보람과 즐거움까지 만끽할 수 있었다. 게다가 마라톤을 할 때에는 다리 상태가 어떤지보다 어떤 생각을 하는지가 더 중요하다는 사실도 깨달았다.

같은 맥락에서 당신의 일이 중요하고 가치 있는 일이라 여겨진다면 그게 무엇이든 좋아하게 될 것이다. 거리를 청소하는 일이든, 노인을 돌보는 일이든, 그것도 아니면 기업체를 경영하는 일이든 뚜렷한 목표만 존재한다면 오래도록 몰두할 수 있다.

6. 재미있어야 한다

내가 가장 중요하다고 손꼽는 일의 요건 중 하나가 바로 웃을 수 있어야 한다는 것이다.

나는 직장에서도 농담을 잘하는 걸로 유명하다. 이따금 불만을 표시하는 직원들도 있지만 그래도 내 농담에 피식 웃는 게 항상 심각한 것보다 낫다고 생각한다. 직장에서는 마음이 가벼워야 일을 지속할 수 있기 때문이다. 일진이 사나운 날도 유머를 잃지 않으면 한결 수월하게 넘길 수 있다. 그리고 다른 이들의 기분을 좋게 해주는 사람이야말로 누구나 곁에 두고 싶어 한다.

7. 집에서 가까워야 한다

면접을 볼 때마다 나는 지원자에게 어디 사는지 물어본다. 집이 너무 멀어선 안 된다는 이야기도 덧붙인다. 누군가 이유를 물어오면 "출퇴근하는 데 많은 시간을 들이기보다 그 시간을 집에서, 또 회사에서 행복하게 보냈으면 해요. 출퇴근 시간은 버려지기 십상이거든요"라고 대답한다. 출퇴근 시간을 아무리 의미 있는 활동으로 채운다고 해도 얼마 못 가 피곤하고 고단해지기 마련이다. 하루에 무려 세 시간씩을 진정 지하철이나 버스, 도로 위에서 보내고 싶은가?

8. 자기 자신으로 존재할 수 있어야 한다

자기 본연의 모습을 지키는 것과 지속 가능한 이기심 사이에는 밀접한 연관이 있다. 자신의 기질, 재능과 기술을 솔직하게 보여줄 수 있다면 그렇지 않을 때보다 발전하고 또 성공할 확률이 훨씬 크기 때문이다. 자신을 꾸며내느라 지속적으로 노력하지 않아도 된다면 녹초가 되는 일도 한결 줄어들 것이다.

이 모든 기본 요건들을 뒷받침하는 것은 당신이 일하는 곳의 문화다. 기업 문화는 설립자나 대표가 창조하고 그곳에서 일하는 직원들이 실천한다. 모든 사람의 개성이 다르듯 기업 문화도 제각각이다. 당신이 최고 책임자가 아니라면 기업 문화를 바꾸겠답시고 괜한 에너지를 낭비하지 마라. 그래 봐야 성공할 리 없다. 경영의 거장 피터 드러커가 말했듯 "문화는 전략을 아침식사로 섭취한다." 전략이 기업 문화에 맞지 않으면 결코 성공할 수 없다는 뜻이다. 마찬가지로 당신의 성격과 가치관이 직장 문화와 충돌한다면 당신은 패배하고 말 것이다.

지속가능한 이기심을 발휘하는 방법

· · · · · · · · · · · ·

지금쯤 자신의 일을 사랑해야 한다는 주장에 설득되었기를 바란다. 그런데 어떻게 현실에 적용할 것인가? 당신이 이미 어떤 일을 하고 있다면 스스로에게 '나는 이 일을 좋아하나?' 하고 자문해보는 것으로 시작할 수 있다. 만약 '그렇다'고 대답하기가 망설여진다면 당신의 상황을 재점검해봐야 한다. 그리고 현재 일을 하고 있지 않다면 얼마든지 처음부터 다시 시작할 수 있다. 그 방법들을 알아보자.

자신을 돌아보라

이제 자신에 대해 더 잘 알게 되었으니 당신이 뭘 좋아하는지 곰곰이 생각해보라. 어떤 사람들과 관계 맺기를 좋아하는가? 어떤 사람들로부터 긍정적인 에너지를 얻는가? 그런 에너지를 얻는 활동은 또 무엇인가? 이렇게 알게 된 사실에 근거해 당신의 일과 삶을 이기적으로 구성하자.

새로운 방법을 시도하라

좋은 직업의 아홉 가지 요건 중 최대한 많은 요건이 충족되는 직업을 어디서 찾을 수 있을까? 친구나 이웃 중에 분명 좀 더 행복해 보이는 이들이 있을 것이다. 이 사람들에게 현재 하는 일이 무엇인지, 추천해줄 만한지 물어보는 건 어떨까? 본래 등잔 밑이 어두운 법이니 말이다. 뿐만 아니라 일부 기업에서는 훌륭한 인재를 소개해주는 사람에게 보상을 해준다는 사실을 기억하라.

일례로 내 딸아이 중 한 명은 친구의 추천으로 어느 기술 기업에 입사했고, 그 친구는 대가로 적지 않은 보너스를 받았다고 한다. 이 기업은 그곳에서 행복하게 일할 수 있는 인재 두 명을 별로 애쓰지 않고 확보한 셈이다. 만약 주위에 자신의 직장을 사랑해 마지않는 사람이 있고, 당신도 그 직장이 좋다고 생각된다면 그 사람에게 혹시 당신을 소개해줄 수 있는지 물어보라. 당신과 그 사람 모두에게 특별한 일이 생길 것이다.

현재 일을 하고는 있지만 영 재미가 없다고 해도 그 안에서 여러 가지 방법들을 시도할 수 있다. 당신의 업무 효율성을 높여 원하는 방향으로 발전해나갈 수 있는가? 당신을 지원하고 발전시켜줄 만한 사람들의 이목을 끌 수 있는가? 뒷부분에서 이런 방법들을 다양하게 살펴볼 것이다. 그리고 마지막으로 좋은 기업은 일하기 좋은 환경을 구축하기 위해 애쓰는 한편, 직원들이 본연의 모습 그대로 일할 수 있게 해준다. 다양하고 역동적인 인력을 확보해야 하기 때문이다. 또한 재능 있는 여러 사람들이 소속감을 느낄 수 있게 해주는 것도 중요하다. 수많은 기업들이 다양성과 소속감을 이야기하지만 나는 다양성보다 소속감을 우위에 놓는 편이다. 내게 가장 중요한 건 사람들이 우리 기업에 입사할 때 마치 가족이 된 듯한 기분을 느끼는지 여부이기 때문이다. 다양한 배경의 인재를 갖추는 것도 중요하지만 언제나 시작점은 가족 같은 문화다. 직장을 내 집처럼 편안하게 느끼는 건 그 일을 오래할 수 있게 만드는 필수 요소다.

자기 관리에 투자하라

적절한 체력과 건강을 유지하고 충분히 잠을 자는 것보다 더 지속 가능한 이기주의는 존재하지 않는다. 그렇게 해야 마치 마라톤과 같은 커리어를 지속할 수 있다. 예를 들어, 나는 매주 화요일과 금요일에 헬스클럽에 가는데 퇴근 후에는 시간이 나지 않는 걸 알기 때문에 항상 아침 7시 이전에 간다. 어느 누구도 약속이나 전화 등으로 나를 방해하지 않는 시간이 그때뿐인 것이다. 물론 이상하게 보는 사람들도 있겠지만 나는 오로지 나를 위한 시간을 갖는 게 좋다고 생각한다.

만약 당신이 충분한 에너지와 의지를 갖춘 사람으로 비치길 원한다면 무조건 건강해야 한다. 그렇지 않으면 당신에게서 느껴지는 나약한 분위기가 당신 자신은 물론 소속된 기업의 가능성까지 해칠 것이기 때문이다. 당신이 튼튼하고 건강해야 기업과의 호혜적 관계가 지속될 수 있다.

주의를 통제하라

평소 시간 관리에 많은 주의를 기울여야 한다. 사람들이 당신의 일과를 채우기 시작하면 결국 별 의미도 없는 수많은 만남들로 시간을 보내기 일쑤인 만큼 분명한 경계선이 필요하다. 예를 들어 나는 어떤 만남도 1시간 30분을 넘겨선 안 된다는 원칙을 가지고 미팅을 준비한다. 사람들을 만날 때 내가 지금 이 사람에게 그만한 시간을 할애할 준비가 되었는지 여부부터 결정하는 것이다.

하지만 만약 당신이 회사에서 말단급 직원이라면 이런 게 가능은 한지 궁금할 것이다. 미팅에 참석하거나, 도무지 왜 하는지 모르겠는 업무에 투입되는 걸 거부할 순 없는 노릇 아니겠는가? 물론 처음엔 부담스럽겠지만 환경을 통제할 수 있는 힘은 누구에게나 있으며, 내 시간을 어떻게 보낼지는 내가 결정한다는 마음가짐으로 업무에 임할 때 변화를 일으키는 자신의 힘을 발견하고 놀라게 될 것이다. 뿐만 아니라 당신은 업무 이외의 사항들에 어떻게 반응할지도 직접 결정할 수 있다. 일례로 누군가 당신의 하루에 부정적 영향을 끼친다면 그들을 무시하거나, 뭔가 조치를 취하는 것 중에 선택하면 된다. 이렇게 상황을 통제할 수 있는 힘이 자신에게 있음을 알아야 포기하고 싶은 마음이 덜 들어 일을 오래도록 계속할 수 있다.

이제 지속가능한 이기심이란 개인의 행복을 추구할 뿐 아니라 당신의 일과 직장을 좋아함으로써 당신 자신에 대해서도 똑같이 호감 갖는 상황을 만드는 것이라는 사실을 깨달았기 바란다. 이렇게 행복한 등식이 성립하면 직장과 당신 모두 즐거워진다.

SUMMARY

- 지속가능한 이기심이란 당신이 좋아하는 일을 함으로써 당신과 당신의 직장 모두 이득을 보는 걸 뜻한다.

- 직장에서 지속가능한 이기심을 발휘하지 못하면 지칠 확률이 높다.

- 돈이 중요한 건 맞지만 사람들이 일하는 첫 번째 이유라고 할 수는 없다. 일은 즐거움도 줘야 하기 때문이다.

- 일을 지속할 수 있으려면 좋은 직업의 아홉 가지 요건이 충족돼야 한다. 좋아하는 일이어야 하고, 좋은 동료가 있어야 하며, 새로운 시도를 할 기회가 있어야 하고, 자신이 영향을 미칠 수 있어야 한다. 의미 있는 일이어야 하고 재미있어야 하며, 직장이 집과 가까워야 하고, 자기 본연의 모습 그대로 일할 수 있어야 한다. 마지막으로 자신과 맞는 기업 문화를 찾아야 한다.

- 지속가능한 이기심을 구축하려면 자기 자신에 대해 잘 알고 좋은 일자리에 대해 사람들과 수시로 이야기 나누며 체력을 관리해야 한다. 더불어 자신의 시간과 반응도 건강하게 관리해야 한다.

| 생각해봅시다 |

- 좋은 직업의 아홉 가지 요건 중에서 당신에게 가장 중요한 것은 무엇인가?
- 당신의 예전 직업들 중에서 가장 즐거웠던 것은 무엇이며 그 이유는 또 무엇인가?

5장

습관을
재정비하라

"일찍 잠자리에 들고 일찍 일어나며 지옥처럼 일하고 광고하라." 미국 뉴스 채널 CNN의 창립자 테드 터너가 한 말이다. 성공의 비결을 묻는 질문에 그는 이렇게 습관에 대한 답을 내놨다. 습관은 매일같이 반복함으로써 결국 삶을 구성하게 되는 것들로 우리가 무슨 생각을 하고 어떻게 시간을 보내며 따라서 무엇을 성취할지 결정한다. 습관적으로 하는 일은 완료되는 경향이 있어서 만약 가치 있는 결과로 이어진다면 더할 나위 없이 좋을 것이다. 하지만 그렇지 못할 경우 목표를 결코 달성하지 못하는, 아니 목표에서 점점 멀어지는 안타까운 일이 벌어질지도 모른다. 습관이야말로 당신의 커리어를 받쳐주는 기초 토대라고 생각해야 한다.

습관은 상당히 강력한 창조물이기 때문에 좋은 습관이 하루 일과로 자리 잡게 하는 방법을 배우는 건 중요하다. 습관에 도전하는 사람이 되려면 언제든 자신이 하는 일과 그 일을 하는 이유에 의문을 던질 수 있는 자세가 필요하다. 이번 장에서는 나쁜 습관은 줄이되 좋은 습관은 가능한 한 많이 늘리는 방법에 대해 알아보자.

갖고 싶은 습관들

· · · · · · · · · · · ·

습관은 두 부류로 나뉜다는 점에서 꽤 단순하다. 바로 갖고 싶은 습관과 버리고 싶은 습관이다. 지금껏 다수의 사람들을 관리하고 이끌어오면서 나는 무수히 다양한 업무 처리 방식과 세계관을 경험했고, 그 결과 최고의 자신을 끌어내고 싶다면 반드시 갖춰야 하는 몇 가지 핵심 습관이 있다는 사실을 깨달았다.

항상 유쾌할 것

메트로 은행 CEO 크레이그 도널드슨은 입사 면접 시작 후 2분 이내에 얼굴에 미소를 띠지 않는 사람은 절대 고용하지 않는다고 말한다. 상사들은 하나같이 직장 내 생산성과 행복지수가 높길 원한다. 주위에 있는 것만으로 좋은 기운을 주는 긍정적인 사람이 되기 위해서는 건강한 생활 방식을 갖고 잠을 충분히 자는 게 좋다. 간밤에 네 시간밖에 못 잤다고 잔뜩 찌푸린 얼굴로 출근하면 분위기를 망칠 수밖에 없다. 하루에도 몇 번씩 미소 짓고 웃음을 터뜨리는 건 굉장히 중요한, 좋은 습관이다.

개선하는 사람이 될 것

지난 수년간 나는 일본의 비즈니스 철학 카이젠Kaizen에 푹 빠져 있었다. 카이젠은 개선改善이라는 한자의 일본식 표현으로 이는 현장

노동자부터 CEO에 이르는 모든 직원들이 매 순간 소소한 개선을 해 나가게 만들었으며 실제로 실천에 옮기는 기업들은 대부분 가장 성공한 축에 속했다. 소소한 개선이 수십만 개 모이면 놀라운 결과가 도출되기 때문이다. 따라서 개선 방안을 끊임없이 모색하는 태도야말로 반드시 갖춰야 하는 좋은 습관이다.

주기적으로 점검할 것

나는 늘 노트북을 갖고 다니면서 뭔가 실천할 게 떠오르면 반드시 기록해둔다. 지금도 내 책상 위에는 노트북이 펼쳐져 있고 모니터에는 오늘 해야 할 일 세 가지와 어제 회의에서 나온 이야기들 중 실행으로 옮기고 싶은 일 몇 가지가 기록돼 있다. 나는 새해 결심들도 재미삼아 노트북에 기록해두는데 올해는 그중 하나가 이 책을 쓰는 것이었다.

나는 내 기업과 가족, 그리고 나 자신을 위해 매년 목표를 설정하는 습관이 있다. 덕분에 내 삶과 기회들을 장기적 관점에서 생각해볼 수 있는데 이렇게 지금 나의 위치를 주기적으로 돌아보지 않았다면 그런 성찰은 잊거나 간과하고 살아갔을 것이다.

일찍 일어날 것

미국에서 경영대학원에 입학했을 때 나는 그곳 학생들이 생각보다 빨리 일어나 하루를 시작한다는 사실을 알고 꽤 큰 충격을 받았다. 그리고 즉시 나도 그렇게 하기로 결심했다. 오전 9시에 느긋하게 일어나 천천히 아침을 먹고 늦장 부리던 삶에서 벗어나 아침 7시 20분에 시작하는 스터디에 참석하고 8시 30분에 열리는 수업을 들은 것이다. 그 이후로 나는 이 습관을 계속 유지해오고 있는데 남보다 조금 더 이른 시각에 하루를 시작하면 훨씬 많은 것들을 이룰 수 있기 때문이다.

당신의 경우 업무 효율이 가장 높은 시간이 이른 아침이 아닐 수 있다. 올빼미형이어서 늦은 밤이나 저녁에 일이 제일 잘될 수도 있다. 그런 경우 자신의 신체 리듬을 잘 이해해 최고의 효율성을 낼 수 있는 직업을 찾도록 노력하라.

건강할 것

우리 회사는 직원들이 담배를 끊고 체중 관리를 할 수 있도록 여러 시스템을 마련해 돕고 있다. 그렇다고 골초나 소파에 누워 TV 채널을 돌리는 사람들만 습관을 바꿔야 한다는 것은 아니다. 우리 모두 더 건강한 생활 습관을 도모할 수 있다. 체중을 몇 파운드만 감량하거나 숨을 헐떡이지 않고 달릴 수 있게만 돼도 발걸음은 가벼워질 것이며, 그 결과 커리어 개발에 더 많은 에너지를 쏟을 수 있게 될 것이다.

주위를 정리할 것

일할 때 좋은 습관 중 하나가 가장 하기 싫은 일 순서로 할 일 목록을 작성하는 것이다. 하기 싫거나 어려운 업무를 빠르게 처리하면 그로 인한 불안감에서도 해방될 수 있기 때문이다. 궁극적으로는 마음이 가벼워져 집중력이 높아지고 결과적으로 업무에서 더 좋은 성과를 낼 수 있다.

항상 호기심을 가질 것

반드시 갖춰야 하는 가장 흥미로운 습관 중 하나가 아무런 편견 없이 보고 또 듣는 것이다. 사람들의 성별이나 인종 등에 편견이 없어야 한다는 얘기가 아니다(그건 당연하다). 한 발 더 나아가 그들에 대한 감정에서 완전히 자유로워야 한다는 뜻이다. 당신을 둘러싼 세상을 열린 마음으로 바라볼수록 더 많은 것을 깨달을 수 있을뿐더러 별 도움 안 되는 식상한 결론에 도달하지 않을 수 있다. 적지 않은 일자리들이 간과되고 있는 것도 구직자들이 습관적으로 '눈길을 주지' 않기 때문이다. 편견에서 벗어나 호기심 가득한 눈으로 세상을 바라보면 온갖 종류의 새롭고 흥미로운 발견을 하게 될 것이다.

늘 감사할 것

삶에서 주어지는 것들에 감사하는 마음을 갖고 또 표현하면 긍정적 요소들에 눈을 뜨게 돼 에너지가 샘솟고 새로운 기회도 포착할 수 있게 된다. 뿐만 아니라 사람들의 호감까지 살 수 있다. 누군가로부터 고맙다는 말을 듣는 것만큼 뿌듯한 일도 없는데 평소 그런 말을 충분히 나누지 못하는 게 현실이기 때문이다.

내 남동생은 일요일 저녁이면 어김없이 어머니 댁을 방문한다. 어머니에 대한 애정을 표현하고 싶은 마음에 만든 습관으로 한 번도 건너뛰는 법이 없다. 이런 점은 나도 본받아야 할 것이다.

반면 이 책의 초안을 가까운 동료들에게 보여주자 몇 명은 이런 반응을 보였다. "제임스, 이건 자네의 좋은 습관이고 내 습관은 또 달라." 여기서 습관이 본질적으로 개인 성향에 크게 좌우된다는 사실을 알 수 있다. 그래서 혹시 덧붙이고 싶은 좋은 습관이 있는지 물어보고 여러 가지 추천을 받았다. 그중 한 명은 만나는 모든 이들을 예의 있게 대하기 위해 항상 공감해주고 상대방에게 중요한 사항들을 기억해둔다고 말했다. 또 다른 한 명은 군대에서 받은 훈련의 중요성을 강조했다. 즉, 매일 아침 침대를 정리하고 아침저녁으로 샤워하며 깨끗한 셔츠를 입고 항상 향수를 뿌린다는 것이다. 적어도 이 사람은 '개인 위생' 문제로 곤란한 상황에 맞닥뜨리지는 않을 게 분명하다!

이제 당신만의 좋은 습관은 어떤 게 있는지 생각해볼 시간이다. 가장 먼저 떠오르는 좋은 습관 세 가지를 적어보자.

1. _____

2. _____

3. _____

그밖에 갖고 싶은 좋은 습관이 있으면 여기에 적도록 하자.

좋은 습관이 나쁜 습관으로 전락하는 순간

· · · · · · · · · · · ·

당신은 지나치게 많이 웃지는 않는가? 열린 마음이 과하지는 않은가? 일찍 일어났지만 충분히 자지 못해 늦게 일어난 것만도 못하지 않는가? 아무리 좋은 습관이라도 극단적 형태를 띠면 나쁜 습관으로 전락할 수 있다.

항상 유쾌한 기분을 유지하는 건 당신과 주변 사람들 모두에게 좋은 일이다. 하지만 그만큼 현실에 쉽게 안주해 매사에 만전을 기하지 못할 뿐더러 다른 방식으로 생각하거나 행동하기 어려울 수 있다. 열린 세계관을 가져야 기회를 포착할 수 있지만 그 못지않게 필요한 게 바로 현명한 판단력으로, 가끔은 회의적 시각의 유무에 따라 흥미로운 여정을 즐길지 아니면 그냥 끌려 다닐지가 결정되기도 한다. 그리고 새벽같이 일어나봐야 피곤해서 쓰러질 것만 같다면 결코 좋은 습관이라고 할 수 없다. 그러니 당신의 좋은 습관을 소중히 여기며 존중하되 적절히 실천했을 때에만 유익하다는 사실 또한 명심해야 한다.

피해야 하는 습관들

나는 긍정적으로 살자는 신념하에 나쁜 습관들을 최대한 줄이기 위해 노력하고 있다. 물론 대다수는 위에서 언급한 내용과 정반대의 습관들이지만 그중에서도 특별히 능률을 떨어뜨리는 나쁜 습관 세 가지를 짚어보도록 하자.

1. 불평하는 습관

이 습관은 항상 유쾌하게 지내는 습관과 정반대 지점에 있는 듯 보이지만 그보다 더 막강한 힘을 자랑한다. 만약 당신의 컨디션이 안 좋거나 기분이 별로라면 사람들은 안쓰러운 마음으로 바라봐줄 것이다. 당신이 매일같이 우울한 스타일이 아닌 한 최근 힘든 일을 겪고 있는 게 분명하기 때문이다.

내 동료 중 한 명이 2주간 카리브해 지역으로 크루즈 여행을 떠났다 계절에도 맞지 않게 까맣게 타서 돌아온 적이 있었다. 부러운 마음에 즐거웠는지 묻자 그는 그렇다고 답하고는 이내 코를 훌쩍이며 이렇게 말했다.

"그런데 믿기지 않겠지만 돌아오는 비행기 안에서 감기에 걸렸어요."

그는 근사했던 풍경이나 재미있었던 활동에 대한 언급은 한마디도 없이 콧물에 대한 얘기만 늘어났다. 그가 안쓰럽게 느껴졌냐고? 전혀 그렇지 않다.

항상 투덜대기만 하는 가엾은 불평쟁이들은 언제나 낙관적인 태도로 지지와 격려를 획득하는 사람들에 비해 자신의 커리어를 힘들고 불만스럽게 여길 수밖에 없다. 나이 마흔이 됐을 때 어떤 얼굴일지는 전적으로 자신의 책임이라는 명언에 내가 항상 무릎을 탁 치는 이유다.

2. 중독되는 습관

'중독'이라는 단어를 들으면 자연히 마약, 알코올, 담배 등 지나치게 많이 소비하면 해로운 제품들을 떠올리게 된다. 그런데 이런 게 정말 습관성일까? 나는 그렇다고 믿는다. 우리가 일상적으로 빠져들 수 있는 습관들이 극단적 형태로 나타나 더 위험한 결과를 초래하는 것이다.

나 역시 중독에 취약한 사람으로서 지난 수년간 술과 담배를 끊고자 혹독하게 관리해온 만큼 이들에 의존하는 게 어떤 건지 잘 안다. 하지만 목표가 더 뚜렷한 일에 에너지를 쏟고 몰두하면 일의 효율이 높아지는 건 물론 행복감도 더 커진다는 사실을 깨달았다.

무엇보다 도박이든 운동이든 패스트푸드든 상관없이 뭔가에 중독돼서 좋을 건 전혀 없다. 지금 창밖으로 보이는 런던 빅토리아 역에서는 고독한 흡연자들이 차가운 1월의 가랑비를 맞으며 서성이고 있는데 조금도 즐거워 보이지 않는다. 저들도 담배를 끊는다면 더 큰 자신감과 에너지가 샘솟아 결과적으로 커리어를 향상시키는 데 상당한 도움이 될 것이다.

3. 소파에 누워 빈둥대는 습관

20대 때는 운동을 너무 열심히 하지 않아도 티가 안 나지만 나이가 들수록 일상적으로 체력을 관리해야 직장과 가정에서 제 역할을 해낼 에너지를 구축할 수 있다. 규칙적으로 운동하면 숙면을 취하고 피로를 회복해 생기 넘치는 모습으로 출근하게 될 것이다.

젊은 시절 나는 나이 마흔이 되면 몸이 탄탄하거나 뚱뚱하거나 둘 중 하나라는 얘기를 듣고 후자가 되지 않기 위해 열심히 노력했다. 위에서 좋은 습관 목록을 정리했으니 이제 자신을 냉정하게 바라보며 나쁜 습관을 찾아낼 차례다. 가장 먼저 떠오르는 습관 세 가지를 적어보자.

1. _____

2. _____

3. _____

이제 앞에 적은 나쁜 습관이 당신 자신은 물론, 소중한 사람들에게 어떤 영향을 미치는지 잠시 생각한 뒤 아래에 적어보자.

_____

_____

_____

당신의 친구는 어떤 모습인가

· · · · · · · · · · ·

동기 부여 연설가 짐 론은 당신이 가장 많은 시간을 함께 보내는 사람들 다섯 명을 합산해 평균치를 내면 그게 바로 당신의 모습이라고 말한 바 있다. 실제로 우리는 가장 가까운 친구, 가족과 동료들로부터 많은 걸 배운다.

앞에서 나는 담배를 끊었다고 이야기했는데 예전에 거주지를 미국으로 옮겼던 게 결정적 계기가 됐다. 그때 나는 하루에 담배 2~30개비를 피울 만큼 골초였다. 하지만 미국에서 만난 동기들 중에는 담배를 그렇게 많이 피우는 학생이 없었다. 결국 나는 금연을 결심했고, 해냈다. 솔직히 말해 미국에 머물렀기 때문에 금연에 성공했는지도 모른다. 왜냐하면 미국에서 사귄 내 친구들 중에는 흡연자가 아무도 없었기 때문이다.

미국에서 성공한 것 중에 또 하나는 바로 다이어트다. 첫날 수업을 마치고 돌아오는 길에 운동복과 헤어밴드 차림으로 달리기하는 사람들을 보고 깜짝 놀랐던 기억이 난다. '어떻게 이럴 수가 있지?' 이전에는 한 번도 본 적 없는 광경이었다. 런던에서 퇴근 후 할 수 있는 활동이란 기껏해야 술 한잔 마시는 것뿐 조깅 같은 건 아무도 하지 않기 때문이다. 때마침 나와 함께 수업을 듣는 친구들도 조깅을 하던 중이라 우연히 참여하게 되었고, 영국으로 돌아올 때쯤에는 전보다 훨씬 날씬해져 있었다.

당신이 누구와 함께 어울리면 좋을지 엄격한 잣대를 들이대며 조언할 생각은 없다. 자연히 가장 아끼거나 함께 일하는 사람들과 많은 시간을 보내게 돼 있기 때문이다. 어떤 경우든 이 문제에 있어서는 선택의 폭이 그리 넓지 않다. 하지만 그들의 좋은 습관과 나쁜 습관을 당신도 어느새 따라 하게 될 거라는 사실만큼은 명심하라. 이런 진실을 알게 되면 좋은 에너지를 전달받을 거라는 확신에 차 본받고 싶은 사람과 어울리기를 선택할 수 있을 것이다.

성장 지향적 마음가짐

어떤 종류든 습관에는 한 가지 공통점이 있다. 하나같이 우리의 마음에서 시작해 마음에서 끝나고, 따라서 습관으로부터 우리의 마음가짐이 정해진다는 것이다.

전작 『당신의 일에 마음을 주어라Put Your Mindset to Work』에서 나는 심리학자 캐롤 드웩이 처음 강조했던 성장 지향적 마음가짐이라는 개념을 탐구했다. 그 결과 만약 당신이 성공 비결을 순수하게 실력으로 꼽는다면 장차 이룰 수 있는 일에는 한계가 존재한다고 여기게 된다는 사실을 발견했다. 결국 능력이 타고나는 것이라면 바꾸기 위해 할 수 있는 게 별로 없다. 하지만 노력을 통해 전보다 나아질 수 있고, 실제로도 항상 그래 왔다고 믿는다면 실력을 향상시키기 위해 노력할 확률이 높다. 이것이 진실임을 증명하기 위해 사람들은 사소한 과제들에 도전해왔다고 나는 이 책에서 제시했다. 예를 들어 다음번에 비행기를 탈 때에는 고급 잡지를 뒤적이는 대신 그 시간 동안 배우고 싶은 게 뭔지 생각한 뒤 기내용 가방에 유익한 읽을거리를 챙기도록 하자.

미국 기업 세일즈포스Salesforce의 최고 디지털 전도사 발라 아프샤르는 평소 트위터를 통해 지혜를 많이 나누는 만큼 난 그가 올리는 글을 자주 찾아본다. 그중 가장 좋아하는 말이 "배우는 법을 배워 자신을 변화시키는 것이야말로 진짜 초능력"이라는 깨달음이다. 언제 들어도 놀랍고 위대한 말이다.

자신에게 이렇게 물어보자. '어떻게 상황을 더 낫게 만들 수 있을까?', '지구에서 보내는 이 짧은 시간을 어떻게 활용해야 다른 사람들이 처한 상황까지 개선시킬 수 있을까?' 우리 두뇌는 오랜 습관처럼 반복해온 일상을 그대로 유지하려 하고, 그 결과 기존의 습관은 더 공고해지기 때문에 새로운 시각에서 삶을 바라보기까지는 노력이 필요하다. 하지만 이를 실천만 한다면 당신에게 놀라운 일이 벌어질 것이다.

당신의 습관을 알아내고 고치는 방법

정의대로라면 당신의 습관을 알아차리기는 어렵다. 행동에 깊이 박혀 무의식적으로 시행하는 게 바로 습관이기 때문이다. 예를 들어 아침 기상 시간의 행동 절차에 대해 생각해보자.

아마 당신은 양치하고 샤워하고 옷을 입은 뒤 커피를 내리고 토스트를 만들 것이다. 그리고 정해진 시간에 집을 나서서 어제와 똑같은 길로 목적지에 도착한 뒤 일을 시작할 것이다. 여기까지는 아무 문제없다. 사실 몇몇 습관과 판에 박힌 일상은 살아가는 동안 우리를 편안하게 만들어주기도 한다. 하지만 이 모든 건 아무 생각 없이 이루어질 확률이 높다. 습관적 감정은 심지어 알아차리기가 더 어렵다. 행동처럼 겉으로 드러나는 게 아니기 때문이다. 사무실에 들어설 때마다 오늘은 또 무슨 일이 벌어질지 걱정되는 마음에 인상을 찌푸리는 경향이 있더라도 자신은 미처 깨닫지 못한다. 그리고 부담되는 업무일수록 처리를 뒤로 미루는 스타일이라면 책상 모퉁이에 위태롭게 쌓여 있는 문서더미에 익숙해져 있을 것이다.

모든 행동 (혹은 행동의 부재) 뒤에는 감정이 있고, 그 감정 뒤에는 생각이 존재한다. 당신은 그 생각이 뭔지 밝혀내 해당 습관을 바꾸고 싶은지 아니면 더 굳건히 지키고 싶은지 결정해야 한다.

먼저 가족들에게 당신의 좋은 습관과 나쁜 습관에 대해 질문하는 걸로 시작하자. 이후 그들의 답변을 참고해 직접 자신의 습관들을 찾아내자. 일례로 자신이 대체로 유쾌한 사람인지, 혹은 스스로 건강하고 체력이 좋다고 생각하는지 자문하고 가족들이 내놓은 답변과 일치하는지 점검하는 것이다.

일주일 동안 당신이 하는 모든 활동과 각 활동에 걸리는 시간을 일일이 기록해두는 것도 방법이다. 휴대폰으로 소셜 미디어를 둘러보는 데 몇 분이나 썼는지, 혹은 직장에서 하나의 업무를 처리하기까지 얼마나 걸렸는지 말이다. 이렇게 하면 습관을 한눈에 파악할 수 있다는 데 놀랄 것이다.

변화 만들기

나쁜 습관이 체계적 절차를 거쳐 좋은 습관으로 바뀌는 과정을 지켜보는 것이야말로 변화를 위한 최고의 방법이다. 그 과정을 세 단계로 단순화시켜 알아보자.

1단계: 나쁜 습관 찾아내기

앞선 조언들을 활용해 버리고 싶은 습관들을 찾아보자. 한두 가지가 아닐 게 분명하지만 전부 다 바꿀 필요는 없다. 그보다 당신의 커리어에 가장 중요한 변화를 만들 수 있는 습관 세 가지만 골라 적어보자.

1. _____

2. _____

3. _____

2단계: 습관을 일으키는 원인 해결하기

특정 습관을 지닌 데에는 엄연한 이유가 존재한다. 바로 뒤따르는 보상이다. 예를 들어 평소 당신이 가장 먼저 하는 일은 이메일 확인인데 그러고 나면 열띠게 답장을 주고받느라 하루 중 업무 효율이 가장 높은 시간을 다 잡아먹고 만다. 스스로 인지하든 아니든 이렇게 하는 데에는 다 그만한 혜택이 따르기 때문이다. 과연 그 혜택이 뭘까? 이메일을 통해 나누는 타인과의 교감? 어려운 업무를 뒤로 미루는 효과? 그것도 아니면 본격적으로 일을 시작하기에 앞선 두뇌 워밍업? 만약 당신이 원하는 게 교감이라면 당장 답장해야 하는 사람들에게만 이메일을 보내고 나머지는 나중에 처리해야 한다. 어려운 일을 뒤로 미루는 게 목적이라면 그 일을 있는 그대로 받아들여야 변화를 일으킬 수 있다. 바로 이럴 때 필요한 게 의지력이다. 지금껏 미루기에 급급했던 업무를 매일같이 가장 먼저 처리하면 전혀 다른 보상을 경험하기 시작할 것이다. 업무를 잘 처리한 데서 나오는 뿌듯함 말이다. 덕분에 머리가 맑아지고 그간 이메일이 담당했던 두뇌 워밍업이 이루어진다면 이번엔 출근길에 팟캐스트를 듣거나 책을 읽어보는 건 어떤가? 사무실에 도착하기 무섭게 업무에 돌입할 수 있을 것이다.

3단계: 변화 만들기

고치고 싶은 습관 세 가지를 찾아낸 데 이어 왜 이런 습관이 있는지, 대신 어떤 습관을 갖고 싶은지 깨달았다면 이제는 의도적으로 변화를 만들겠다는 결심을 하라. 만약 사무실에서 스트레스를 받을 때마다 단것을 잔뜩 먹었다면 자신에게 이렇게 주문을 걸어보자.

"이제 편의점에서 초콜릿과 젤리를 사먹는 대신 집에서 과일을 싸올 거야. 그리고 나 자신에게 내가 좋아하는 보상을 주기 위해 여가 시간에 사과를 베어 먹고 다니면서 동료들과 즐겁게 이야기 나누겠어. 나는 내 책상에서 벗어나 산책할 때 즐거움을 느낀다는 사실을 깨달았거든."

간단해 보이지 않는가? 물론 항상 이렇게 간단할 거라는 거짓말 따위 하지 않겠다. 중요한 건 스스로를 객관적으로 바라보고 작은 일부터 실천하는 것이다. 나쁜 습관이 하루아침에 싹 사라질 리 없으니 실수하더라도 내일은 내일의 태양이 뜬다고 자신을 다독여야 한다. 바꾸기 힘드니까 습관 아니겠는가.

우리 두뇌는 반복적 행동과 생각이 만들어내는 리듬을 좋아한다. 그래야 모든 게 수월하기 때문이다. 습관은 마치 농부가 자신의 논에서 매일 같은 길로 다니며 만들어놓은 트랙과 비슷하다. 그래서 만약 길을 바꾸면 한동안은 그쪽으로만 다녀야 점차 예전 길이 사라지면서 새 길이 생겨난다. 습관 하나를 바꾸는 데 한 달이 걸린다는 사람들도 있지만 나는 그 정도면 짧다고 생각한다. 길게는 세 달까지도 걸리니 말이다.

주위에서 변화를 일군 사람들 중 롤모델을 찾는 것도 좋은 방법이다. 해로운 물질이나 활동에 중독됐던 사람들 중에 멋지게 중독에서 벗어나 더 건강한 삶을 살아가는 이들이 많다. 그들의 성공은 순간의 선택이 차곡차곡 쌓여 이루어진 결과로, 습관을 바꾸면서 인생도 바뀐 것이다.

우리는 매 순간 무엇을 먹을지, 어디에 갈지, 누구한테 얘기할지 등의 선택을 한다. 마찬가지로 습관 역시 선택이지만 다들 그렇게 여기지 않는 게 사실이다. 하지만 모든 선택은 그로 인한 변화를 일으키고 삶의 다른 요소들처럼 습관도 바꾸겠다고 선택할 수 있다. 선택은 우리의 몫이다.

SUMMARY

- 습관은 강력하다. 매일같이 우리의 생각과 행동을 지배하기 때문이다.
- 좋은 습관은 에너지를 불어넣고 긍정적 태도를 심어주지만 나쁜 습관은 생기를 빼앗고 커리어 기회를 박탈한다.
- 좋은 습관으로는 유쾌한 태도 갖기, 주기적 자기 점검, 일찍 일어나기, 건강관리, 일을 뒤로 미루지 않기, 항상 열린 마음으로 감사하기를 들 수 있다.
- 나쁜 습관으로는 항상 불평하기, 뭔가에 중독되기, 운동 안 하기를 들 수 있다.
- 습관을 바꾸기 위해서는 3단계 절차를 밟아야 한다: 고치고 싶은 습관을 찾아내고, 그 습관에서 얻는 보상이 무엇인지 밝혀낸 뒤 대신 갖고 싶은 습관으로 변화시키는 것이다.

| 생각해봅시다 |

- 다른 무엇보다 갖고 싶은 좋은 습관 한 가지는 무엇인가?
- 고치기 위해 노력해야 하는 나쁜 습관 한 가지는 무엇인가?

6장

야망을 품어라

헬스클럽에 갈 때 내가 자주 입는 티셔츠가 있다. 그 셔츠에는 내가 무척 좋아하는 말이 적혀 있다.

"득점하려면 목표가 있어야 한다To Score, you have to have goals."

나는 이 말 속에 목표의 가치가 무엇보다 정확히 요약돼 있다고 생각한다. 커리어에서 성공하려면 당신이 무엇을 원하는지부터 알아야 하기 때문이다. 실제로 축구도 골대가 없으면 흥미가 반감되지 않겠는가? 목표가 이렇게 중요한 이유 중 하나는 삶의 자연스러운 일부이기 때문이다.

당신이 어렸을 적에는 부모님이 당신을 대신해 여러 결정을 내려주었다. 자전거를 타고, 학교 연극에서 노래하고, 브로콜리가 건강에 좋다는 걸 배운 게 다 부모님의 결정이었다. 그런데 점차 성장해 가면서 당신도 삶의 목표에 대해 좀 더 고민하기 시작했다. 그 과정에서 소방관의 꿈을 품었을 수도 있고 기술에 대한 애정을 이용해 생계를 꾸리겠다고 막연히 생각했을 수도 있다. 여기서 핵심은 목표라는 게 어떤 식으로든 항상 존재하기는 하지만 제대로 설정하는 게 상당히 중요하다는 사실이다. 이 같은 기본 전제하에 목표를 면밀히 살펴보고 커리어에 도움이 되도록 활용할 방법을 알아보자.

당신의 야망은 얼마나 큰가?

최근 누군가로부터 이 질문을 받았을 때 나는 잠시 생각에 잠겨야 했다. 야망을 항상 당신의 일에 관련해서만 생각할 필요는 없다. 일정 수준 이상의 급여를 원하는가? 가족을 위해 뭔가를 성취하거나 조직 내에서 특정 지위까지 승진하고 싶은가? 당신에게 중요한 건 무엇인가? 당신은 스스로 야망 있는 사람이 아니라고 여길 수도 있지만 그렇다고 해서 당신의 가족이나 자녀들을 위한 발전적 목표까지 가질 수 없는 것은 아니다. 또 최고의 컴퓨터 프로그래머, 프로 운동 선수, 간호사가 되고 싶을 수도 있다.

이 사실을 항상 기억해야 한다. 필요 이상으로 목표를 낮게 잡는 이들을 많이 봐왔기 때문이다. 하지만 사실 우리는 스스로 생각하는 것보다 훨씬 많이 성취할 수 있다.

리처드 브랜슨은 누군가 엄청난 기회를 제안해왔는데 잘해낼 수 있을지 확신이 서지 않는다면 일단 수락하고 그 후에 방법을 모색하라고 조언한다. 나 역시 그의 말에 적극 동의한다. 항상 열린 태도를 유지하면 이내 모험의 기회가 다가온다는 게 오랜 내 생각이다. 이

것이 성장 지향적 마음가짐, 즉, 성공 못할 가능성 때문에 지나치게 걱정하지 않고 일단 시도하는 데 의미를 두는 자세다. 당신도 이런 자세를 가지면 그로 인한 놀라운 차이를 경험하게 될 것이다.

얼마 전 대학 입시를 준비 중인 똑똑한 학생들과 이야기를 나눌 기회가 있었는데 그중 두 명이 내게 이렇게 말했다. "저는 옥스퍼드 대학이나 캠브리지 대학에 가기 위한 노력 따위 하지 않을 거예요." 나는 그들이 진심으로 가고 싶지 않다면 상관없지만 혹시 실패가 두려워 그런 거라면 잘못된 생각이라고 일러주며 "만약 누군가 아무 조건 없이 너희를 두 대학 중 한 곳에 입학시켜 주겠다고 하면 수락하겠니?"라고 물었다. 이 질문의 답이 만약 '그렇다'라면 한번 노력해 보는 것도 괜찮지 않겠는가? 결국 벌어질 수 있는 최악의 상황이라고 해봐야 들어가지 못하는 것일 텐데 그럼 또 어떤가?

무엇이 설레는 일을 목표로 설정하지 못하도록 자신을 가로막는지 확실하지 않다면 이런 식으로 생각하는 게 많은 도움이 된다. 스스로 둘러대는 핑계를 단박에 날려주기 때문이다. 또한 목표를 어떻게 이룰지, 혹은 과연 이룰 수는 있을지 여부가 아니라 내가 그 목표를 진정으로 원하는 게 맞는지가 궁금하다면 오로지 그것을 찾는 데 집중해야 한다. 이것이야말로 당신에게 가장 의미 있는 목표다. 그 목표를 떠올릴 때 약간의 설렘도 느껴지지 않는다면 그 목표에 닿기 위해 거쳐야 하는 우여곡절을 견뎌낼 준비가 되지 않은 것이다.

당신의 최종 목표에 설렘을 느낀다고 해서 그것을 달성하기 위해

내디뎌야 하는 모든 발걸음이 즐거운 건 아니다. 만약 지금 이 순간을 행복하게 보내는 데에만 연연한다면 애초에 당신이 꿈꿨던 곳에는 갈 수 없을 것이다.

내 아들 녀석들 중 하나는 대학생활을 시작할 때 적응을 힘들어했다. 나는 좀 더 열심히 하라는 조언을 해주고 싶었는데 전화통화에서 그가 이렇게 말했다. "아버지, 저는 그냥 즐겁게 지내려고 노력하고 있어요." 실망스러웠다. "힘내, 너는 더 잘할 수 있어." 그리고 이렇게 덧붙였다. "즐겁게 지내는 건 목표가 될 수 없어. 이따금 마음을 편안하게 갖는 건 좋지만 학위는 그냥 생기는 게 아니야. 노력을 해야 가질 수 있지."

당신을 들뜨게 해주는 목표를 설정하면 미처 가능한 줄 몰랐던 에너지를 얻게 되고 결과적으로 불가피하게 맞닥뜨려야 하는 장애물들을 버텨낼 수 있게 된다. 반면 당신의 목표가 지나치게 안전하거나 허무맹랑한 것이라면 그로 인해 의욕이 불타오르는 경험은 할 수 없을 것이다.

10억을 벌 것인가 10명을 도울 것인가

여기서 핵심은 '선택'이다. 목표란 적극적으로 결정해야 하는 것이기 때문이다. 그리고 여기에는 목표를 하나만 가지면 제약이 따를 수 있는 만큼 여러 개 갖는 게 좋다는 발상이 전제돼 있다. 이 목표들이 모여 당신의 목적의식을 구성하고 당신을 움직이게 하는 궁극적 원동력이 될 수 있다. 내 아버지 알렉 리드가 입버릇처럼 말씀하셨듯, "우리 중 어느 누구도 삶의 길이를 알 수 없지만 그 너비만큼은 직접 결정할 수 있다."

또한 당신은 구체적인 목표와 추상적인 목표, 둘 다 가질 수 있다. 구체적인 목표는 새 집을 사거나 특정 기업에서 일하는 것처럼 눈에 보이고 감각적으로 느낄 수 있는 것들을 말한다. 이들은 성취 여부가 명확히 드러나기 때문에 목표로 설정하기는 더 쉽지만 도리어 함정으로 작용할 수도 있다.

만약 서른 살쯤엔 10억을 모으고, 에베레스트 산에 오르며, 람보르기니 자동차를 구입하는 걸 목표로 설정하고 이런 걸 진심으로 원한다면 행운을 빈다. 하지만 좀 더 추상적인 목표에 집중하는 건 어떤가? 예를 들어 사람들을 서로 연결시켜주거나, 각자 자신의 삶에서 발전해나갈 수 있도록 돕거나, 당신만의 개성을 강화하거나, 누군가 잠재력을 마음껏 발휘할 수 있도록 지원해주는 등 말이다.

내 책이 출간되고 한 라디오쇼에 출연했을 때 함께 손님으로 초대된 분이 아주 흥미로운 여성이었다. 90세이던 그녀가 그 자리에 나온 이유는 친절의 개념에 대해 논의하기 위해서였다. 인생에서 어느새 열 번째 10년을 시작하게 된 그녀는 친절을 인간의 가장 중요한 속성으로 결론내렸다면서 친절의 지속적 영향에 대해 힘주어 말했다. 그녀 덕분에 나는 친절한 사람이 되는 게 그 자체로 근사한 목표일 뿐 아니라 사람들을 자신에게 끌어당기는 힘이 있다는 사실을 깨닫게 되었다. 이렇게 물질적 이득에 그치지 않고 좀 더 광범위한 목표를 갖는다면 자연히 자부심을 느끼게 될 수 있다. 반면 순간의 즐거움만을 좇으면 당신의 열정은 결국 식고 말 것이다.

최고의 목표가 되려면 반드시 좀 더 깊은 의미가 내재돼 있어야 한다. 그래야 꾸준히 그 목표를 좇을 에너지가 생기기 때문이다. 그렇다고 해서 구체적인 목표가 잘못됐다는 뜻이 아니며 당신도 이미 그런 목표를 몇 가지 갖고 있을 게 분명하다. 하지만 거기서 시야를 좀 더 넓히면 어떨까? 라디오 스튜디오에서 만난 내 새 친구의 말처럼 무엇이든 될 수 있다면 친절한 사람이 되자.

밟아야 할 절차들

목표를 선택할 때에는 고려해야 할 사항이 한두 가지가 아닌 만큼 절차를 단순하게 분류해보자.

우선 당신의 열정, 가치관과 목적의식에 대해 생각해보자. 당신의 목표는 동기를 부여해주는 요소들로부터 비롯돼야 한다. 그래야 타인의 강요가 배제된 당신만의 목표가 된다. 목표를 독점할 수 있는 것이다.

이를 명심하고 눈을 감은 채 10년, 혹은 20년 후 어느 자리에 있고 싶은지 생각해보자. 그때쯤에는 무엇을 이룬 상태이길 바라는가? 무슨 일을 하고, 누구와 함께 있고 싶은가? 또 어디를 향해 나아가길 원하는가? 내키지 않으면 아무에게도 말하지 않아도 좋다. 결국 당신의 꿈이고 당신의 길이다. 그리고 거꾸로 거기서부터 시작해보자. 직접 결정한 목표가 실제로 이뤄질 수 있도록 자신을 도와야 하기 때문이다.

노자의 말처럼 여행은 한 걸음 내딛는 것에서부터 시작되고 한 발자국씩 계속 이어갈수록 목적지는 더 가까워진다. 이때 길이 반드시 직선이어야 할 필요는 없다. 앞에서도 말했듯 굽이치는 길일수록 우리를 더 재미있는 곳으로 데려다줄 수 있다.

만약 당신이 지금 20대라면 그렇게 먼 미래에 대해 생각하는 게 어려운 일이기는 해도 실로 재미있는 연습이 될 것이다. 이에 비해 나이가 좀 있다면 당신은 아마 목표를 이루는 데 조바심을 느낄 것이다. 특히 커리어에 있어서는 목표를 이룰 시간이 넉넉하지 않기 때문이다. 어느 쪽이든 이 절차가 당신에게 더 큰 동기를 부여해주길 바란다.

나는 당신이 커리어, 가족(혹은 친한 친구들)과 상위 공동체, 이 세 가지를 위한 목표를 각각 선택하도록 권하고 싶다. 이 세 가지는 중요한 관계를 형성하는데 그 이유는 다음과 같다.

첫째, 당신의 커리어를 발전시킬 수 있는 방법이 단지 구직 활동만 있는 것은 아니다. 가능한 한 많은 사람들과 대화하면서 인간관계의 범위를 넓히는 것도 중요한 방법이다.

둘째, 우리는 모두 복잡한 방식으로 다른 사람들과 얽혀 있으며 주변에 아무도 없는 상태에서는 간절히 원하는 일이 결코 이루어질 수 없다. 만약 당신이 부모라면 자녀들에게 영감을 불어넣는 게 목표일 수 있고, 아니라고 해도 동료 등 주위 사람들에게 영향을 미칠 수 있는 것이다. 목표를 정할 때에는 이런 모든 사항을 반드시 고려해야 한다.

내 경우, 커리어를 위한 가장 큰 목표는 디지털 고용 플랫폼을 구축해 뤄드의 영역을 넓히는 것이다. 가족을 위해서는 내 아이들이 교육을 마치고 사회에 진출하는 과도기를 잘 넘길 수 있도록 최선을 다해 돕고 싶고, 상위 공동체를 위해서는 앞서 말한 것처럼 런던에 코딩 과정을 설립해 청년들이 자신만의 기술을 개발할 수 있도록 지원하고 싶다. 여기서 알 수 있듯 첫 번째 목표를 이루려면 오랜 기간이 걸리겠지만 두 번째와 세 번째를 위해서는 그리 오랜 시간이 필요하지 않다. 하지만 상관없다. 목표 한 가지를 달성하고 나면 또 다른 목표를 세울 테니 말이다.

일단 목표를 세웠다면 시각화하라. 방법은 정하기 나름이겠지만 다음의 제안들을 참고해도 좋다. 우선 신문이나 잡지에서 사진들을 오려내고 판지에 붙여 비전 보드를 만들 수 있다. 이곳의 이미지들이 당신의 목표, 그 목표가 당신에게 갖는 의미를 상징하는 건 물론, 이 목표를 이뤘을 때 누리게 될 여러 혜택 및 뿌듯한 느낌까지 떠올리게 해줄 것이다. 예를 들어 당신이 향후 2년 안에 현재의 사무직을 떠나 교사가 되기 위한 훈련에 돌입하고 싶다면 당신에게 중요한 의미를 갖는 교사의 사진이나 자녀들의 등교 첫날 사진을 판지에 붙여두면 좋다. 카디프에 거주하는 내 동료 한 명은 바베이도스의 해변 사진을 액자에 담아 책상 위 두 대의 컴퓨터 앞에 단단히 고정해두었다. 크리스마스에 여행 갈 곳의 사진을 미리 붙인 것이다.

또 다른 방법은 그저 가만히 앉아 눈을 감고 당신의 미래를 상상해보는 것이다. 사범대학에 등록해 교사 자격을 얻기 위해 열심히 노력하는 자신의 모습을 떠올려보자. 이때 떠오르는 감정을 만끽하는 것도 좋고 한 발 더 나아가 교사로서의 첫 근무일을 머릿속에 그려볼 수도 있다. 교실 문을 처음 열고 들어갈 때의 느낌이 어떤가? 학생들은 당신을 어떻게 대하는가? 동료들의 인상은 어떤가? 당신의 목표를 상상하는 절차에 완전히 몰두하라.

이렇게 당신의 목표를 이루겠다는 열의를 품었다면 첫 단추를 어떻게 끼울지 생각해볼 수 있다. 그러다 예기치 못한 방향에 접어들 수도 있지만 또 거기서 생기는 즐거움이 있다.

내 나이 마흔이 되었을 때 자녀들은 아직 다 어리고 나는 밤늦게까지 근무하기 일쑤였는데 어느 날 아내 니콜라가 헬스클럽에 가겠다고 말했다. 마침 나도 운동을 못한 지 좀 된 참이라 아내와 함께 나섰다. 우리는 나란히 서서 트레드밀을 했는데 나는 헉헉대며 제대로 서 있지도 못한 반면 아내는 말 그대로 날아다녀서 당황스럽기 짝이 없었다. '정말 꼴사납군. 어쩌다 이렇게 된 거지?' 이 경험 이후 나는 어떻게 하면 더 날렵한 몸을 가질 수 있을지 고민하기 시작했다. 그리고 혼자 달리는 건 너무 지루하니 달리기 대회에 출전하기로 결심했다. 결과적으로 하프 마라톤을 비롯한 여러 마라톤 대회에 참가했고 마침내 파리, 런던과 뉴욕의 마라톤 대회까지 완주했다.

사실 이 목표는 주변 사람들로부터 어떤 영향을 받을 수 있는지 보여주는 좋은 예시라 하겠다. 토요일마다 나는 체력 강화를 위해 서너 시간씩 달리기 훈련을 했는데 여담이지만 집에서 혼자 여러 아이를 돌봐야 하는 니콜라로서는 반갑지 않은 일이었을 것이다.

목표를 정했다면

이제 당신은 목표를 정하고 이를 달성하기 위해 필요한 절차들을 적어도 몇 단계 정도는 확보했다. 그런데 목표를 제대로 설정한 게 맞는지 어떻게 알 수 있을까? 일단 잘못 설정했다는 한 가지 단서는 목표 달성에 자꾸만 실패하는 것이다. 예전에 나는 기타를 배우고 싶어서 강습도 받고 연습도 열심히 했지만 계속 어렵기만 하고 나아지는 게 없었다. 그래서 결국 내 능력으로 할 수 있는 다른 일에 시간을 투자하는 게 낫겠다 싶어 강습 과목을 노래로 바꿨다.

노력해도 달라지는 게 없다고 느낀다면 그 목표를 포기하거나 덜 어려운 다른 뭔가로 바꾸는 게 좋다. 투자하는 시간과 노력에 비해 이루는 게 너무 보잘것없다고 여겨진다면 과감히 단념하라. 당신의 일, 혹은 공부 중인 과정에 대해서도 마찬가지다. 잘못 선택했다면 처음부터 다시 시작하라.

사실 목표를 제대로 설정했는지 아닌지는 일단 성취를 위한 노력을 시작해봐야 알 수 있다. 그 목표가 맞다면 노력하는 게 즐거울 테고 아니라면 즐겁지 않을 것이다. 예를 들어 기타를 배우고자 노력하는 게 내게 더 편안하게 느껴졌다면 아마 나도 계속했을 것이다. 또 한 가지, 목표를 포기할 때에는 대체할 다른 목표를 찾기 바란다. 뭔가를 추구하는 게 주제 넘는다는 생각에 더 이상 야망을 갖지 않겠다 결심하는 것만큼 안타까운 일도 없다. 당신이 목표를 만드는 것이지 목표가 당신을 만드는 게 아니다.

물론 당신의 목표가 기부를 위해 특정 금액의 자금을 모으거나 승진하는 것처럼 눈으로 확인 가능한 것이라면 달성 여부를 파악하기가 한결 수월하다. 내 경우 자녀들이 스스로 좋아하는 일을 찾을 수 있도록 잘 도와주었는지, 그리고 우리 회사 웹사이트에 가입자가 충분히 늘었는지 알아보려면 나 자신에게 물어봐야 했다. 이는 구체적 목표와 추상적 목표 둘 다 가진 장점이라 하겠다.

또 한 가지 알아둬야 할 것은 이른바 '성취와의 사별'이다. 이는 당신에게 특별히 중요했거나 엄청난 노력을 쏟아야 했던 목표를 달성했지만 한동안 상실감과 공허함에 시달리는 현상을 말한다. 이에 대처하는 가장 좋은 방법은 곧장 새로운 목표를 향해 달리는 것이다.

그렇지 않으면 이전의 목표에 지나치게 매몰될 수 있다. 결국 목표를 갖는 행위의 목적은 목표하지 않고서는 결코 도달할 수 없는 곳에 갈 수 있도록 돕는 것이다. 사실 목표 자체의 고유 가치는 존재하지 않는다.

나이가 들어갈수록 야망의 본질도 바뀌어갈 것이다. 요즘 나는 순전히 나 자신만을 위한 활동보다는 사람들에게 긍정적 영향을 미치는 일을 할 때 훨씬 큰 만족감을 느낀다. 이를 테면 "제가 이 산의 정상에 오를 수 있을까요?"보다 "사람들이 뭔가 근사한 일을 하는 데 도움이 될 만한 메시지를 제가 이 책에 담을 수 있을까요?"가 더 중요해진 것이다.

만약 목표 설정이 얼마나 중요한지 아직 잘 모르겠다면 당신이 지금 이 자리까지 오는데 그동안 해온 선택들이 얼마큼의 영향을 미쳤을지 자문해보자. 비로소 삶에 그냥 휩쓸려 다니는 것보다 의도적으로 선택한 목표가 있다는 게 얼마나 큰 힘을 발휘하는지 깨달을 것이다. 이 깨달음을 통해 당신은 진정 원하는 것을 이룰 수 있는 에너지도 생기고 방향성도 잡을 수 있게 될 것이다. 무엇이 됐든 진심으로 원하는 목표는 순전히 개인적이며 당신을 가능한 한 최고의 자신으로 만드는 일, 즉 당신의 인생 직업과 밀접하게 연관된다.

SUMMARY

- 목표는 당신의 인생을 만든다. 따라서 긍정적 목표를 갖는 게 중요하다.

- 직접 목표를 설정할 때에는 다소 어려운 걸로 선택하라. 생각보다 훨씬 많은 걸 성취할 수 있을 것이다.

- 목표를 선택하기 위해서는 당신의 가치관, 열정과 목적의식부터 고민하라.

- 이후 궁극적으로 도달하고 싶은 곳을 머릿속에 그려보고 그곳까지 오르기 위한 절차를 구축하라.

- 당신이 원했던 목표를 달성하고 나면 곧 다음 여정에 나서라!

| 생각해봅시다 |

- 현재 스스로 설정한 세 가지 목표가 무엇인가?
- 이 목표의 달성 여부를 어떻게 확인할 것인가?

7장

오늘과 10년 후를
동시에 상상하라

POOH'S STICK GAME

매일 아침 눈뜨면 내가 가장 먼저 하는 일은 휴대폰을 꺼내 우리 회사의 현금 흐름을 점검하는 것이다. 현금은 어느 기업에나 산소와 같아서 인간이 산소 없이 3분 이상 버티기 힘든 것처럼 현금이 바닥난 기업은 며칠 안에 파산할 수밖에 없다. 따라서 우리 회사의 직원들과 거래처에 지급할 자금을 항상 확보해두고 있어야 하는 나로서는 하루하루의 실적을 항상 주시해야 한다.

평소에는 그날의 사업 실적을 중심으로 살피지만 향후 이를 성장시켜나갈 장기 계획도 존재한다. 현재로서는 새로운 디지털 고용 서비스를 설계해 유연 근무가 가능한 차세대 온라인 일자리를 창출할 계획인데 눈에 보이는 결과를 내기까지 짧게는 3년, 길게는 5년 정도 걸릴 것으로 예상된다. 그래서 나는 지금 두 개의 시간표에 따라 움직이고 있다. 단기 목표는 오늘 우리 고객들을 만족시킴으로써 계속 살아남는 건 물론 성장에 필요한 자금까지 마련하는 것이고, 장기 목표는 이 기업이 미래에도 여전히 건재할 수 있도록 만드는 것이다.

아마 그 사이 시간, 즉 지금부터 몇 년이 지날 동안의 기간에 무슨 일이 벌어질지 궁금할 것이다. 그런데 사실 그 시간은 내게 존재하지 않는 거나 다름없다. 예를 들어 내년에 내 휴가가 언제인지 물어오더라도 나는 대답할 수 없다. 내 일은 오늘 당장, 혹은 상상 속 미래에만 존재하기 때문이다. 이 시간표야말로 나를 움직이게 하는 원동력이다.

삶에 이런 식으로 접근하는 태도를 이해하기 힘들 수 있다. 마치 100미터 달리기와 마라톤의 두 트랙을 동시에 달리고 있는 것처럼 느껴질 수 있기 때문이다. 하지만 수많은 기업가들이 이 같은 마음가짐으로 살아간다. 내 경험에 비춰볼 때 가장 성공한 기업가들은 당장의 이 순간에 철저히 집중함과 동시에 예측할 수 없는 미래를 과감히 내다보는 역량을 갖추고 있다. '현재'의 관점에서 이들이 굴러 들어오는 기회를 잡기 위해 항상 긴장 상태를 유지한다면 '10년 후'의 관점에서는 그 시기에 있고 싶은 곳을 떠올림으로써 영감을 받는다.

혹시 자신을 꼭 기업가로 여기지 않는다고 해도 스스로 그리는 커리어의 궤적을 관리해야 하기는 마찬가지다. 기업가가 자사의 제품 혹은 서비스에 대한 모든 책임을 지는 것처럼 당신도 자신의 커리어를 상상하고 또 만들어나가야 하는 것이다. 그리고 기업가와 비슷하게 당신도 일할 때는 지금 현재 어떻게 차이를 만들지 뿐만 아니라 10년 후에는 어느 자리에 있고 싶은지 원대한 비전을 갖는 데 몰두

해야 한다.

머릿속에서 이렇게 강력한 조합이 이루어질 때에만 소소한 발전들이 일어나고, 또 이들이 쌓여 큰 획을 그을 수 있으며 당신을 전혀 새로운 차원으로 업그레이드해줄 결정도 할 수 있다. 이상하게도 그 사이의 공간은 그리 중요하지 않다. 때가 되면 다 겪게 되겠지만 지금 당장 생각할 필요는 없다.

"열심히 훈련할수록 행운의 여신은 내 편이 되었다." 스타 골퍼 게리 플레이어가 한 말이다. 여기에는 지금 현재와 10년 후를 생각하는 접근법이 완벽히 요약돼 있다. 당신의 일에서 성취감을 느끼는 건 지금 당장 근사한 일을 하는 것과 미래를 위한 계획을 갖는 것, 두 가지의 조합에서 비롯되기 때문이다. 당신의 현재 나이와 능력에 따라 이렇게 자문해보자. "서른, 마흔, 쉰 혹은 그보다 많을 때 나는 어디에 있고 싶을까?"

이번 장에서는 커리어의 타이밍 지형에 대해 알아볼 것이다. 이것을 이해해야 미래에 원하는 모습의 '당신'을 구축하기 위한 힘을 잃지 않으면서도 현재 원하는 일을 가질 수 있기 때문이다.

나는 지금 어디에 있는가

윌리엄 셰익스피어는 희곡「좋을 대로 하시든지」에서 이렇게 말했다. "전 세계가 무대요, 모든 남성과 여성은 단지 배우일 뿐이다."

그는 개개인의 삶이 어떻게 일곱 가지 연령대로 구성되는가에 관해서도 구체적으로 적었다. '간호사의 품에서 가냘픈 울음을 터뜨리고 토하는' 아기 시절부터 어린이, 청년, 중년, 노년을 거쳐 마침내 '두 번째 유년 및 단순 망각'의 시기를 맞이한다는 것이다. 우리가 모든 교육을 마친 이후부터 70세를 전후한 퇴직 시점까지 일을 한다고 가정하면 우리 대부분은 약 50년간의 활동적이고 생산적인 성인기를 보내는 걸로 예상할 수 있다. 이 시기를 어떻게 활용해야 할까? 삶의 각 국면에서 어떤 사람이 되고 싶고 어떤 기여를 하고 싶은지 고민하는 데 가장 현명한 방법은 무엇일까?

커리어의 측면에서 볼 때 나는 이 성인기를 18~30세, 30~50세, 그리고 50~70세의 세 가지 범위로 분류하는 게 좋다고 본다. 물론 대략적 범위지만 남은 일생을 한 덩이로 뭉뚱그리는 것보다는 미래에 대해 생각하기가 한결 수월하다. 스물다섯 살 시절 당신이 가졌던 커리어가 50세 즈음엔 더 이상 존재하지 않을 수 있고, 혹은 소속된 기업이나 산업에 변화가 생겨 마지못해 다른 분야로 옮겨야 했을 수도 있다. 게다가 수많은 일자리들이 스스로 변화를 꾀해 예상보다 빨리 그만둬야 하는 경우도 있다.

지금은 어디서나 볼 수 있지만 몇 년 전까지만 해도 존재조차 하지 않았던 직업들을 생각해보자.

- 애플리케이션 개발자
- 바리스타
- 클라우드 컴퓨팅 전문가
- 소셜 미디어 관리자
- 우버 운전기사
- 유튜버
- 정보 보안 전문가
- 줌바 댄스 강사
- 반려동물 미용사

이밖에도 수없이 많다. 나이가 들어갈수록 마음을 열고 새로운 기회에 민감하게 대응하는 것은 인내심을 갖고 기다리는 것만큼이나 중요하다. 내가 좋아하는 명언 중에 이런 게 있다. "자고 일어나 보니 성공하기까지 20년이 걸렸다."

오늘날 최고의 자리에 오른 운동선수는 아주 어릴 적부터 훈련에 매진해온 사람이다. 수년간의 노력 없이 돌파구를 찾는 경우는 극히 드물다. 만족스러운 커리어를 갈고 닦는 데에도 시간이 걸리는 만큼 스스로 페이스를 조절하는 게 중요하다. 이를 명심하고 커리어의 세 단계를 들여다보면서 각각 최대한 활용하려면 어떻게 하는 게 좋을지 알아보자.

1단계 : 18~30세

· · · · · · · · · · · ·

커리어를 처음 시작하는 18세에서 30세까지의 초기 단계는 가장 힘들기 마련이지만 또 가장 재미있기도 한 모순적 시기다. 성인기로 들어서는 문턱에 우두커니 서 있다 보면 이 시기가 마치 영원히 계속될 듯 느껴질 것이다. 하지만 마음껏 배우고 여행하고 실험할 수 있는 근사한 (그리고 반드시 필요한) 이 시기에는 당신의 보트를 흘러가게 만드는 게 무엇인지 찾아내야 한다. 당신이 진정 하고 싶은 게 무엇인지, 어디서 살고 싶은지, 그리고 당신의 삶을 함께 나누고 싶은 사람은 누구인지 알아내야 하는 것이다.

당신의 목표는 최대한 많이 도전하고 배우는 것이다. 서른 살 즈음엔 더 넓고 깊은 내면을 다지고 더 많이 성취할 수 있도록 자신을 개발해야 한다. 이를 위해선 다양한 훈련과 교육을 받고, 여러 일을 경험하며, 새로운 취미나 활동을 시작하는 등의 방법을 활용할 수 있다.

이 과정에서는 실수하는 게 너무나 당연하다. 나중에 이 기간을 돌아볼 때 후회스럽지 않다면 오히려 제대로 산 게 아니라고 할 수 있다. 나는 미래에 대한 불안과 걱정으로 가득 찬 청년들을 자주 만난다.

"학업을 망쳤어요. 앞으로 제 인생은 구질구질해질 게 분명해요."

이렇게 말하는 그들에게 몇 살인지 물으면 돌아오는 답은 놀랍다.

"열아홉 살이요."

또 "여기가 세 번째 직장인데 여전히 행복하지 않아요. 제 나이 벌써 스물일곱인데 대체 언제쯤 좋아하는 일을 찾을 수 있을까요?" 와 같은 질문을 받으면 나는 이렇게 대답한다. "앞으로 살아갈 세월이 50년은 더 남았군. 그러니 혹시 길을 잘못 들어서더라도 너무 걱정할 거 없네. 자네는 지금 정확히 해야 할 일을 하고 있는 것뿐이니까. 바로 다양한 시도를 하는 것이지."

20대 시절, 나는 말 그대로 극과 극의 여러 가지 일들을 경험했는데 지금 생각하면 옳은 선택이었다 싶다. 당시는 가정을 꾸리기 전이어서 이것저것 도전할 자유가 있었기 때문이다.

내가 가장 풍부한 경험을 쌓았던 일 중 하나는 국제 구호원 자격으로 아프가니스탄을 방문한 것이다. 떠나기 전에는 그 나라에 기부할 돈을 모았고 도착한 뒤에는 완전히 매료돼 현장에서 업무를 돕기로 마음먹었다. 그때 뭘 기대했던 건지 모르겠지만 태양빛이 작렬하는 난민캠프에서 2주 정도 일한 후 전선戰線 인근으로 이동해 어느 황량한 계곡에서 러시아인들의 공격을 받기도 했고 말라리아 창궐 지역 한가운데서 버티기도 했다. 특히 폭격으로 다 부서진 집에서 부상당한 자녀들과 친척을 보살피는 이들을 지켜보는 건 정말이지 끔찍한 경험이었다. 어느 오후에는 엄청난 폭발음을 듣고 공포에 휩싸였는데 이내 전면 공습이 시작되었다.

보다시피 지금 나는 이렇게 아무 일 없었던 듯 살고 있지만 그때의 경험은 평생 잊지 못할 것이다. 당시에는 미처 깨닫지 못했지만 그렇게 위험이 끊이지 않고 열악한 곳에서 지낸 경험 덕분에 웬만한 일에는 낙심하지 않는 태도를 가질 수 있게 되었다. 그런 상황에서도 살아남았는데 직장에서 겪는 문제들이 무슨 대수인가 싶을 때가 많다. 모든 이들에게 나와 같은 경험을 해보라고 권하지는 않겠지만 내게는 분명 중요한 경험이었다!

20대 때 자신에게 물어봐야 할 세 가지 질문

1. 지금 나를 가장 설레게 하는 일은 무엇인가?
2. 10년 후에는 내가 어디에 있기를 원하고, 실제로 이루기 위해서는 어떤 경험과 지식이 필요한가?
3. 나이가 든 후에는 어떤 사람이 되고 싶은가?

20대 때 경험해봐야 할 세 가지 모험

1. 뭔가 배울 게 있는 사람 밑에서 일하라. 그 일이 아무리 보잘것없더라도 말이다.
2. 해외에서 공부나 일을 할 기회를 찾아라. 어려우면 국내의 다른 지역도 좋다. 중요한 건 집에서 멀리 떠나는 것이다. 익숙한 곳을 벗어나면 새로운 길이 보인다.
3. 원하는 직업을 찾아라. 본래 종사하고자 했던 분야에는 없는 직업이라도 좋다.

2단계 : 30~50세

· · · · · · · · · · · · ·

커리어의 측면에서 봤을 때 상당히 근사하게 보낼 수 있는 시기다. 하는 일에서 충분한 경험이 쌓여 자신감과 안정감이 생겼는데 향후 더 많은 걸 성취해낼 에너지와 비전까지 갖추고 있기 때문이다. 그야말로 학교를 떠나온 이래 꾸준히 몸담고 있던 물결의 정점에 서 있다고 할 수 있다. 운이 좋았다면 당신의 삶에서 이루고 싶은 게 무엇인지 발견했을 테고, 혹시 아니더라도 아직 늦지 않았다(다시 스케이트를 신기는 해야 하지만). 또한 앞에서 제시한 20대 때 해야 하는 질문들의 답을 알고 있어야 한다.

다시 고민해서 진로를 바꾸고 싶더라도 크게 문제될 건 없지만 적어도 당신의 계획을 지지해줄 밑바탕은 단단히 구축돼 있어야 한다. 이때는 업무 능력이 절정에 달해 있어야 하는데 당신이 하는 일이 뭔지 잘 알뿐더러 훌륭하게 해낼 에너지와 열정까지 갖췄기 때문이다. 자기 자신에 대한 기대는 높아야 한다. 원한다면 당신이 속한 분야에서 최고가 될 수도 있다. 단순히 벌어들이는 수입뿐 아니라 일에서 느끼는 성취감, 그리고 역량 면에서도 말이다. 또한 직장에서 갈수록 책임이 늘어나는데 가정에서도 보살필 게 많아 시간을 쪼개써야 하는 게 이 시기다. 따라서 아무것도 신경 쓰지 않고 즐길 수 있는 기회가 생기면 상당히 반가울 수밖에 없다.

이렇게 에너지가 고양되는 측면도 있지만 이때는 당신이 지금 서 있는 곳이 어디인가 자문하게 되는 시기이기도 하다. 이는 보통 '중년의 위기'로 일컬어진다. 하지만 알고 보면 위기라고 칭할 만한 건 아무것도 없다. 앞으로 일할 시간이 2~30년은 더 남았는데 재정비에 들어가면 또 어떤가? 예를 들어 지금은 비즈니스 업계에 몸담고 있지만 교육계나 창의적 분야로 전업하고 싶더라도 당신에게는 이미 내세울 자산이 많다. 신세계를 탐험하는 데 있어 지금껏 쌓아온 경험과 기술이 당신의 이력서에 남다른 색채를 더해줄 것이다.

30~50세에 자신에게 물어봐야 할 세 가지 질문

1. 과연 이 일이 인생 후반부에 내가 진정 하고 싶은 일인가?
2. 내게 실현되지 못한 꿈이 있는가?
3. 내가 잘할 수 있다고 입증된 일은 무엇인가? 무엇이 나를 특별하게 만들어주는가?

30~50세에 경험해봐야 할 세 가지 모험

1. 어느 조직에서나 유용하게 쓰일 주요 자질들을 목록으로 정리함으로써 당신의 경험과 기술을 점검해보아라.
2. 새로운 업계 혹은 분야에서 새로운 역할을 담당해 당신의 경험을 확장하라.
3. 승진을 위해 노력하라. 지금이야말로 적기다.

3단계 : 50~70세

· · · · · · · · · · ·

커리어의 막바지라 할 수 있는 이 단계야말로 지금껏 축적해온 경험과 기술을 돌아볼 이상적 시기다. 또한 당신의 일을 좀 더 다양한 관점에서 바라볼 수 있는 시기이기도 한데 이는 시간이 쌓여야만 가능한 일이다. 이때쯤이면 당신이 어떤 유산을 남길 수 있을지 궁금해지기 시작한다. 20대 때 당신은 좀 더 자기중심적이었고 그게 당연한 거였지만 이제는 가족, 동료나 공동체 등 당신이 놓인 환경을 한층 더 보살피게 됐을 것이다. 더불어 삶에서 당신이 기여하고 돌려주는 게 받는 것 못지않게 중요해졌다. 이를 실천할 방법은 다양한데 당신보다 어린 사람의 멘토가 되어줄 수도 있고, 자원봉사나 기부 등을 통해 당신의 시간과 돈을 가치 있는 일에 쓸 수도 있다. 이때는 당신의 일을 훨씬 광범위한 시각에서 바라보게 되며 그건 바로 내가 지금 이 책을 쓰고 있는 이유이기도 하다. 나의 경험이 어떤 방식으로든 다른 이들에게 도움이 됐으면 하는 바람이 있는 것이다.

만약 지금껏 커리어에 매진해왔다면 50~70세의 기간에는 뭔가를 운영 중일 수도 있다. 기업, 학교나 극장 등 당신의 열정을 일깨우는 무엇이든 말이다. 그동안 일에서 더할 나위 없는 역량을 발휘해왔고, 여전히 이루고 싶은 게 많다면 계속 고삐를 쥐고 당신의 커리어 지도를 채워나가면 된다. 지금이 가장 빠른 때다.

이 시기에 다른 무엇보다 중요한 건 긍정적 마음가짐으로 일에 접근하는 것이다. 이 책을 쓰고 있는 지금 영국에서 연금이 지급되는 공식 연령은 65세이며 (머지않아 67세로 상향 조정될 예정이다) 퇴직 연령은 쭉 그래 왔던 것처럼 의무로 정해져 있지 않다. 이는 당신이 적어도 60대 후반까지, 어쩌면 70대까지도 일을 계속할 수 있다는 것을 의미하는데 당신의 일을 사랑한다면 좋은 소식이 아닐 수 없다. 특히 신체적으로 무리가 가는 직업이 그리 많지 않은 요즘에는 퇴직 시기를 늦춤으로써 사회에 더 큰 공헌을 할 기회가 얼마든지 있다.

이를 실현하기 위해 가장 중요하게 실천해야 하는 일은 건강을 유지하고 항상 에너지가 넘치도록 자신을 관리하는 것이다. 규칙적으로 운동하고 식단을 조절하는 일의 중요성이 젊었을 때와 비교해 훨씬 커졌다.

다들 비슷한지 모르겠지만 나는 20대 때만 해도 주말마다 밤을 새워 놀 수 있었는데 지금은 그러고 싶은 마음이 조금도 없다. 특히 당신이 현재 주요 직책을 맡고 있다면 더더욱 건강을 돌봐야 한다. 늙고 피곤한 지도자를 원하는 조직은 아무도 없기 때문이다.

물론 모두가 70대까지 왕성하게 일하고 싶어 하는 것은 아니다. 어떤 사람들은 여행을 다니고 소일거리를 하거나 자원봉사하는 걸 더 선호할 수도 있다. 이런 일에도 얼마든지 보상이 뒤따를 수 있으며 당신에게는 에너지를 어디에 쓸지 스스로 선택할 수 있는 권리도 있다.

예전에 날 위해 일했던 회계사처럼 퇴직하면 텃밭이나 가꾸며 살고 싶을 수도 있다. 그 회계사는 출근 첫날부터 앞으로 8년 안에 퇴직해 정원 가꾸는 일에 몰두할 계획이라고 말했는데 실제로 실천에 옮겼다. 그는 훌륭한 회계사였고 그의 선택에 불만은 없지만 그가 그동안 스스로 만족하지 못하는 커리어에 종사해온 건지 궁금하기는 했다. 정말로 정원 가꾸는 일이 좋았다면 정원사가 되거나 원예업을 시작할 수도 있는 노릇이니 말이다.

이쯤에서 마지막으로 유념해야 할 점은 무엇인지 알아보자. 당신이 지금 50대인데 일이 마음에 들지 않는다면 앞으로 펼쳐질 20년 동안 좋아하는 일을 찾거나 다른 일들을 해볼 수 있다. 제발 좀 더 일찍 행동해야 했다고 자책하며 퇴직만 기다리고 있지는 말자. 50세는 두 번째 커리어를 시작하기에 딱 좋은 나이다.

일각에서는 기업들이 지원자의 연령에 연연하고 나이 많은 사람에게는 기회를 주지 않는다고 불만을 터뜨리지만 내 경험에 비춰보면 기업들이 중시하는 것은 연령이 아닌 에너지다. 그들은 '어린' 직원보다 일에 헌신하고 집중하며 몰두할 줄 아는 '마음이 젊은' 직원을 원한다.

내 경우, 건강이 허락하는 한 적어도 75세까지는 일에 전념하면서 사업에 행복하게 기여할 수 있었으면 하는 바람이다. 일하는 시간도 줄이고 직책도 지금보다 가벼워져야겠지만 예순이나 일흔이 됐다고 해서 한물갔다고 생각하지는 않는다. 물론 스스로 퇴직을 원한다면 오래도록 행복한 은퇴 생활을 누리길 빈다. 하지만 커리어를 계속 발전시켜나가고 싶다면 포기하지 말자. 더 오래 더 재미있게 일할 수 있는 기회가 점점 더 많아지고 있다.

50~70세에 자신에게 물어봐야 할 세 가지 질문

1. 나는 이 직업 혹은 커리어를 지금도 여전히 원하는가?
2. 나는 어떤 유산을 남기고 싶은가?
3. 내가 쌓아온 기술과 경험을 가장 잘 활용할 수 있는 방법이 무엇인가?

50~70세에 반드시 해봐야 할 세 가지 도전

1. 커리어 시작 단계에 놓인 젊은이를 찾아 그가 이 시기를 잘 헤쳐나갈 수 있도록 이끌어주어라.
2. 현재 자신의 위치가 흡족하지 않다면 당장 조치를 취하라.
3. 당신이 속한 공동체나 동료들에게 도움이 될 만한 경험이 있는지 돌아보고 공유할 방법을 찾아라.

이 순간의 가치

얼마 전 밴드 활동을 하는 친구 한 명이 런던의 음악 거리에서 열리는 새 라이브 앨범 녹음 현장에 날 초대해주었다. 소극장에 들어

서서 여러 테이블을 비집고 나아가 무대 바로 앞에 도착한 나는 이렇게 가까이서 공연을 볼 수 있다는 생각에 가슴이 설레었다. 그리고 한 손에는 술잔을 든 채 바로 눈앞에서 무대를 즐길 수 있는 이 저녁을 마음껏 즐겼다.

녹음 작업의 일환으로 오프닝을 장식한 솔로 가수의 무대는 다른 솔로의 무대로 이어졌고 두 가수 모두 흠잡을 데 없는 공연을 선보였다. 다음으로 스타 소울 가수 베벌리 나이트가 등장했다. 무대로 걸어 나오는 그녀를 모두가 숨죽이고 바라봤다. 관객을 향해 미소 지으며 마이크 뒤에 자리 잡고 선 그녀는 이내 눈을 감고 감정에 집중했다. 마침내 그녀가 숨을 깊이 들이마시고 고개를 뒤로 젖혀 입을 열자 아름답고 파워풀한 목소리가 흘러나왔다.

나는 넋을 잃었다. 그녀 역시 자신의 기교에 완전히 심취했고, 나는 무대 바로 앞에 있었기 때문에 그 강렬함을 오롯이 목격할 수 있었다. 그녀는 하늘을 찌를 듯한 에너지로 무대를 채웠고 자신의 음색은 물론, 손동작 하나하나에 의도를 담았으며 결과는 놀라웠다. 물론 노래가 끝나고 무대를 내려가면 그녀도 다른 사람들처럼 다리를 뻗고 누워 휴대폰을 들여다보겠지만 지금 이 순간만큼은 (다른 건 아무것도 하지 않고) 노래만 불렀다.

이것이 바로 내가 말하는 '지금 이 순간에 모든 걸 던진다'의 의미다. 당신은 매일 당신의 일에 얼마나 신경을 쓰고 또 얼마만큼의 노력과 에너지를 쏟는가? 바로 지금 여기서 하는 일에 몰두하기만 해도 당신의 최대 역량을 발휘할 수 있다. 이는 성공한 기업가들에게서 공통적으로 발견할 수 있는 특징이기도 하다. 그들은 '이 순간'에 자신을 던짐으로써 영감과 생산성을 마지막 한 방울까지 짜내고 나 역시 항상 그렇게 하고자 노력한다.

예를 들어 누군가 내 사무실을 방문하면 나는 어떻게 환대해야 그들이 기꺼이 최대 역량을 발휘할 수 있게 될까 고민한다. '점심시간이 시작되기 전에 전화를 네 통은 더 걸어야 하는데 이 사람 곁에서 어떻게 짬을 내지?' 같은 생각은 하지 않는다는 뜻이다.

지금 이 순간에 몰두하는 것은 하나의 마음가짐이며 한 번에 여러 일을 처리하는 것과는 상반된다. 그날 밤, 무대 위의 베벌리 나이트는 분명 여러 가지 일을 하지 않았다. 자신에게 주어진 일에 완전히 몰입해 있었을 뿐이다. 당신 역시 현재 분야에서 최고의 능력자가 되길 원한다면 이 같은 태도로 접근해야 한다. 장기 계획을 세우는 것도 성공을 위한 요소 중 하나지만 현재에만 몰입하는 것 또한 성공 방정식의 또 다른 상수다. 그래야 하루 단위, 10년 단위로 생각하는 태도가 제대로 빛을 발할 수 있다.

SUMMARY

- 오늘 하루, 그리고 10년 안에 이루고 싶은 일에 몰두하는 것이 커리어를 성공으로 이끌 수 있는 열쇠다.

- 18~30세까지 당신은 다양한 일들을 시도해보고 여행하며 배우는 데 집중해야 한다.

- 30~50세까지 당신은 그동안 쌓아온 경험을 최대한 활용해 다음 단계로 넘어가는 데 집중해야 한다.

- 50~70세까지 당신은 어떤 유산을 남길지 계획하는 한편, 마지막 남은 기회를 활용해 자신의 잠재력을 최대한 발휘하는 데 집중해야 한다.

- 지금 이 순간을 살아가는 게 미래를 계획하는 것만큼이나 중요하다.

| 생각해봅시다 |

- 일과 무관하게 자원봉사할 기회가 주어진다면 어떤 게 좋겠는가?

- 5년 전까지만 해도 존재하지 않았던 직업이 앞에서 언급된 것 이외에 또 뭐가 있을까?

8장

30분 전에 약속 장소에 도착하라

POOH'S STICK GAME

내 사무실 한쪽 벽면에는 액자 하나가 걸려 있다. 방수 재킷 차림의 한 남성이 등산용 밧줄을 몸에 두른 채 덥수룩한 수염 사이로 하얀 이를 드러내며 미소 짓고 있는 사진이다. 밧줄에는 살짝 서리가 내렸고 양손에는 등산용 지팡이가 들려 있다. 뒤로는 사납게 눈보라가 치는 가운데 눈 덮인 산의 정상 부분만 희미하게 보인다.

사진 속의 주인공은 내 친구 스테판 가트로, 산소통도 없이 에베레스트 정상까지 올랐다 스노보드를 타고 내려온 최초의 인간이다 (미친 짓인 줄 나도 안다). 정말이지 경이로운 업적이지만 그가 성공할 수 있었던 게 순전히 행운이라고 말할 수는 없다. 사전에 치밀한 준비가 선행되었기 때문이다.

위험하기 짝이 없는 원정에 나서기 위해 시간을 들여 준비하는 게 당연히 해야 할 일처럼 보이지만 놀랍게도 꽤 많은 사람들이 이 과정을 건너뛴다. 등반이라면 나도 남부럽지 않게 해봤는데 눈 속에서 죽음을 맞은 탐험가들의 끔찍한 사연이 들려올 때마다 알고 보면 필수 장비를 준비하지 않았거나 기상 정보를 제대로 확인하지 않았기 때문인 경우가 많다. 준비 작업에 두세 시간만 투자했어도 생사의 운명이 달라졌을 것이다.

이 이야기가 당신의 커리어와 무슨 관계인지 모르겠다는 이들을 위해 밝히자면 철저히 준비됐는지 여부가 성공과 실패를 판가름한다. 내가 스테판의 사진을 걸어두는 것도 바로 이 때문이다. 어떤 일이든 미리 준비하는 게 얼마나 중요한지 상기해주는 것이다. 어느 분야든 미리 대비하면 힘과 자신감이 절로 생겨난다. 내 경험에 비춰볼 때 충분히 고민해본 뒤에 주장을 펼치고, 이미 시험해본 아이디어를 선보이며, 전문가 뺨치는 프레젠테이션을 선보이는 이들은 즉흥적으로 하는 이들보다 훨씬 깊은 인상을 남긴다. 사전 준비에는 진실성도 수반되는데 다른 이들의 시간과 관심을 존중한다는 의미이기 때문이다.

미리 준비해서 누릴 수 있는 혜택은 이 밖에도 많다. 처음부터 모든 게 준비돼 있기 때문에 새로운 계획에 손쉽게 착수할 수 있다. 혹시 생길지 모를 위험의 예측이 가능해 사전에 해결책을 고안할 수 있으며, 미리 생각해봄으로써 당신 계획의 강점과 약점도 파악할 수 있다. 결과적으로 미리 취할 수 있는 조치에는 어떤 것들이 있는지도 알 수 있다.

물론 지속적으로 준비 태세를 갖추고 있는 건 불가능하지만 중요한 일들은 우선순위를 매겨 미리 대비해야 한다. 이제 그 방법, 커리어를 성공으로 이끄는 비밀무기에 대해 알아보자.

준비 천재가 되는 법

. . . .

사소한 성취가 모여서 당신의 업무 역량을 얼마나 향상시킬 수 있는지 과소평가하기 쉽다. 항상 만반의 준비가 돼 있겠다는 목표를 정하고 엄격하게 준수하라. 자꾸 계획 세우는 걸 잊어버린다면 중요한 면접이나 회의 며칠 전 달력에 미리 준비 일정을 짜라. 반면 계획 세우는 능력을 타고났다면 소중히 가꾸면서 취업 면접 시에도 반드시 강조해야 한다. 커리어를 쌓는 과정에서 그 능력을 잘 활용할수록 모두가 원하는 인재로 거듭나게 될 것이다.

어떤 직업에서든 자신의 이미지를 극적으로 향상시킬 수 있는 세 가지 기회가 찾아오기 마련이다. 바로 면접, 프레젠테이션, 그리고 다른 직원들과의 첫 대면 자리다. 이때야말로 사람들에게 깊은 인상을 남길 수 있는 절호의 기회이며 조금만 준비해도 이 기회를 유리하게 활용할 수 있다. 그럼 이런 자리를 어떻게 준비하면 좋을지 알아보자.

면접을 성공으로 이끄는 운명의 15제

. . . .

면접은 준비가 선행돼야 하는 중요한 자리다. 사실 지원자들이 불합격하는 가장 큰 이유가 바로 준비 미흡이다. 준비에는 시간을 얼마나 투자해야 할까? 생각보다 그리 오래는 아니다. 면접 기술이 담긴 자료들을 읽어보고 나올 확률이 가장 높은 질문에 어떻게 답할지 고민해보면 된다.

나의 저서 『왜 당신인가? 더 이상 두려울 게 없는 면접 질문 101가지Why You? 101 Interview Questions You'll Never Fear Again』는 수천 명의 취업 준비생들이 더 큰 자신감을 갖고 면접에 임해 꿈꾸던 직장을 가질 수 있도록 도와주었다. 단순하게도 면접에 철저히 준비한 사람들이 곧 입사의 주인공이 되었다.

이 같은 준비는 호기심을 갖는 데서 출발한다. 인터넷에는 당신이 지원한 기업과 면접 볼 사람들에 대한 정보가 차고 넘친다. 우선 그 조직이 재정적으로 탄탄하지 않다는 사실을 미리 발견했다면 최악의 상황은 피할 수 있게 됐다는 뜻이다.

나는 사람들이 새로운 분야로 진출하기 위해 우리 회사를 떠날 때면 그들이 가기로 한 기업의 재정 상태를 알아봐주기도 한다. 만약 그 기업이 적자를 기록 중이고 현금 자산이 없으며 빚에 허덕인다면 승진이나 임금 인상을 기대해선 안 된다. 만약 준비를 충분히 했다면 뒤늦게 자신의 결정을 후회하기보다 사전에 이 문제들을 이해했을 것이다.

이제 면접에서 어떻게 대답할지 준비할 차례다. 당연히 모든 질문을 예측할 수는 없지만 어떤 연유로든 간과할 수 없이 나올 게 분명한 질문들도 존재한다. 나는 이 질문들을 일컬어 '운명의 15제'라고 부르는데, 조사 결과 열다섯 개의 이 질문들이 사실 모든 면접의 기초를 이루는 것으로 나타났다.

- 자신을 소개해주세요.
- 이 회사에 지원한 동기가 무엇인가요?
- 자신의 가장 큰 장점은 무엇인가요?
- 자신의 가장 큰 단점은 무엇인가요?
- 이 회사에 당신이 기여할 수 있는 기술이나 아이디어는 뭐가 있을까요?
- 어떤 관리 스타일을 선호하나요?
- 5년 후 당신은 어디에 있을 거라고 생각하나요?
- 이 일에는 어떻게 접근할 계획인가요?
- 다른 곳에서는 어떤 성과들을 이루었나요?
- 지난번 직장에서 좋았던 점과 안 좋았던 점에 대해 각각 말씀해주세요.
- 팀을 이뤄 작업했던 경험에 대해 이야기해주세요.
- 당신의 동료들은 당신에 대해 어떻게 이야기하나요?
- 스트레스 및 실패에는 어떻게 대처하나요?
- 돈은 얼마나 벌고 싶은가요?
- 당신의 창의력을 보여주세요.

따로 노력하는 것 없이 이 같은 핵심 면접 질문에 대한 답변을 빠짐없이 마련해두기만 해도 크게 점수 잃을 일은 없다. 다른 지원자들은 기껏해야 네 번째 질문 정도까지만 예상했을 테니 몇 배는 앞서 나갈 수 있을 것이다. 심지어 여유와 자신감이 생겨서 당신이 경쟁력 있고 함께 있으면 즐거운 사람이라는 인식까지 심어줄 수 있다.

프레젠테이션 준비 전략

내 친구는 직설적이면서도 화려한 언변을 지닌 것으로 유명한 보리스 존슨 총리가 연설하기로 한 행사장에 도착해 자기 차례를 기다리면서 뭔가 휘갈겨 쓰는 모습을 목격한 적이 있다고 한다. 총리는 이내 무대 위로 성큼성큼 걸어 올라가더니 재기 넘치는 연설을 해 객석을 웃음바다로 만들었다. 그야말로 탁월한 연설이었다. 일주일 후 그 친구는 총리가 연설하는 또 다른 행사장에 우연히 참석하게 되면서 총리가 리허설을 거쳐 지난번과 토씨 하나 틀리지 않고 똑같이 연설하는 모습을 지켜보았다. 이번에도 폭풍 같은 기세로 청중을 휘어잡았지만 이는 분명 즉흥적인 게 아니라 철저히 계획된 것이었다.

좀 더 고통스러운 기억이기는 하지만 운명적인 사건도 있었다. 나와 내 팀은 런던의 다른 구역에 위치한 어느 명망 높은 조직의 웹사이트 개설 작업을 따내기 위한 발표회에 참석하기로 되어 있었다. 한 주

전에 철저한 리허설을 마친 우리는 승합차를 타고 출발했다. 행사장이 가까워질수록 차들이 거의 서 있을 만큼 정체가 심해졌지만 아직한 시간의 여유가 있었기 때문에 크게 걱정은 안 했다. 그때는 근처에서 학생들의 집회가 진행 중이라 차가 꼼짝없이 갇혔다는 사실을 미처 깨닫지 못했던 것이다. 고통스러울 만큼 시간이 천천히 흐르는 걸지켜보던 나는 결국 차에서 내려 프로젝터를 들고 회의장까지 달리기 시작했다. 두말할 필요도 없이 발표는 재앙이나 다름없었다. 그날나는 절망에 빠졌다. 우리는 완벽하게 프레젠테이션을 해낼 준비가되어 있었고 출발하기 전에 교통상황만 점검했으면 그 사업을 충분히 따낼 수 있었을 것이기 때문이다.

그렇다면 프레젠테이션을 요청받았을 때 가장 먼저 해야 할 일은무엇일까? 노트북을 켜고 슬라이드를 만드는 것부터 시작할 게 아니라 전달하고 싶은 핵심 메시지부터 생각해봐야 한다. 발표 후 청중들이 생각하고 느꼈으면 하는 핵심 사항이 무엇인가? 이것이야말로 다양한 포인트나 세부사항들을 머릿속으로 정리하는 일보다 훨씬 중요하다. 프레젠테이션에서는 덜어내는 게 단연 효과적이다. 여기서 구체적으로 다루지는 않겠지만 이미 효과적인 프레젠테이션을만드는 방법에 대해 설명한 책들이 수도 없이 나와 있다. 그런 책들을 통해 시각자료나 확실한 논리로 깊은 인상을 남기는 법, 청중의관심을 사로잡는 법, 청중이 당신의 메시지를 확실히 이해하도록 만드는 법 등을 습득할 수 있다.

최근 나는 두 차례의 프레젠테이션을 검토할 일이 있었는데 이 경험을 통해 준비의 중요성을 더욱 절감할 수 있었다. 두 번 다 우리 회사 데이터베이스 구축 업무를 따내고자 하는 기술 업체였다. 첫 번째 업체의 제안 내용에는 우리에게 필요한 아이디어와 통찰이 담겨 있었고 사전 준비도 공들여 한 기색이 역력했다. 두 번째 업체는 지난 수년간 우리와 함께 일해온 것을 감안하면 훨씬 준비가 잘돼 있어야 했는데도 형편없었다. 발표자의 셔츠가 삐져나오고 점퍼는 허리춤에서 훌쩍 위로 올라가 있었다(보기 좋았을 리가 없다). 만약 이게 다 그 발표자의 계획이었다면 그가 계획한 다른 일들은 과연 어떤 식으로 처리될까? 나는 그에게 비용을 지불하고 싶은 마음이 조금도 들지 않았다.

준비한 대로 프레젠테이션을 진행하면 당신의 발표 내용이 흥미롭고 알차다는 사실을 알기 때문에 무대에서 자신감을 가질 수 있다. 관객들 역시 당신이 만반의 준비를 갖췄으며 힘이 있다고 느낄 것이다.

사소한 기억력의 승리

회의가 중요한 이유는 한두 가지가 아니다. 잘 보이고 싶은 상사들이 모이는 자리라든가 기발한 아이디어로 깊은 인상을 남길 수 있는 자리 등 명백히 중요한 회의들도 있지만 새 직장에서 맞는 첫 회의, 혹은 고위급 임원들에게 자신을 선보이는 회의도 열릴 수 있다. 이중 어떤 상황에서든 사전에 계획을 잘 세울수록 더 자신 있게 회의에 임하게 될 것이다.

첫 번째 예시, 즉 상사들에게 잘 보이고 싶은 회의에서는 말 그대로 전문가가 되는 게 중요하다. 무엇보다 당신은 이 회의가 열린 목적과 당신이 참석한 이유를 파악해야 한다. 사람들에게 정보를 제공하기 위해서인가, 어떤 주제에 대해 토론하기 위해서인가, 아니면 특정 결론으로 사람들을 유도하기 위해서인가? 달성하고 싶은 게 무엇인지 분명히 알고 있으면 당신이 목표한 바를 이룰 수 있을 것이다.

다음으로 회의에 참석할 인원의 명단을 짠 뒤 한 명도 빠짐없이 당신 편으로 만들려면 어떻게 이야기해야 하는지 대본을 작성하라. 어쩌면 당신은 새 프로젝트를 진행할 수 있도록 승인받고 싶은데 참석자들의 이해관계가 각기 달라 고민일 수 있다. 혹은 회사의 당면한 문제를 해결하기 위해선 특정 조치를 취하는 것 이외에 방법이 없으며, 따라서 사람들이 그처럼 결정하게 만들고 싶을 수도 있다. 참석자들이 당신의 의견에 동조하도록 하기 위해 어떤 예시 및 사실 근거를 제시할 수 있겠는가?

여기서도 사전 준비가 얼마나 필수적인지 잘 알 수 있다. 무엇보다 어떤 사항에 대해 질문 받았는데 대답하지 못하는 곤혹스러운 상황만큼은 피할 수 있다. 회의에서 누군가에게 질문할 때마다 나는 그 사람이 당연히 답을 알고 있을 걸로 기대한다. 만약 숙제를 성실하게 한다면 자연스레 드러날 것이다.

회의 이외에도 사람들에게 깊은 인상을 남기고 싶은 상황들이 존재한다. '중요한 사람'에게 처음 자신을 소개하는 경우가 대표적인데 여기서 중요한 사람은 여러 가지를 의미한다. 당신이 속한 조직의 임원일 수도 있고, 새로운 동료나 고객일 수도 있다. 그 사람들과 관련된 정보를 미리 파악할수록 더 좋은 인상을 줄 수 있다. 사실 권위 있는 비즈니스 인사들은 자신의 비서에게 그날 만나기로 약속된 사람들에 대해 브리핑해주도록 요구할 때가 많다. 그래야 "아, 스미스 씨, 다시 만나 정말 기쁩니다. 쌍둥이는 잘 지내나요?"라는 식으로 말을 건네며 친밀감을 형성할 수 있기 때문이다. 스스로 자신의 개인 비서가 되어 이런 일을 직접 처리하는 것도 방법이다.

성공은 우연을 타고 온다

커리어의 성공은 몇몇 결정적 순간들로 인해 이루어질 때가 많고 그런 순간을 언제 맞닥뜨릴지는 결코 알 수 없다. 일자리에 당신을 추천해줄 누군가와의 우연한 만남, 갑작스런 승진, 혹은 미처 예상치 못한 구조조정이나 재발령까지. 이런 상황을 항상 예측할 수는 없지만 어떻게 반응하느냐가 당신을 규정할 수 있는데 이 또한 준비가 돼 있는지 여부에 따라 달라진다. "준비된 자가 기회를 만나면 성공한다"라는 말도 있지 않은가. 사전에 기초 작업을 탄탄히 해뒀다면 삶에서 어떤 국면에 접어들더라도 유리하게 활용할 수 있다.

바로 눈앞에 닥친 일만 처리하기에 급급한 채 커리어를 쌓아가면 당신이 속한 업계나 조직에서 변화가 생겼을 때 큰 충격에 빠질 수 있다. 모든 게 영원히 변함없을 거라는 시각이 과연 현실적일까? 매일같이 거울만 들여다봐도 변화는 불가피하다는 사실을 알 수 있다. 사실 직업의 세계가 영원히 그대로일 거라는 시나리오야말로 실현 가능성이 가장 희박하다. 만약 당신의 현재 직업이 더 이상 무용해졌거나 어쩔 수 없는 이유로 다른 지역으로 이사해야 하는 경우에 대해 미리 생각해본다면 실제 그런 상황이 벌어졌을 때 대처하기가 한결 수월할 것이다.

여기서 중요한 건 사람들과 항상 긴밀한 관계를 유지하고 계속해서 '파티에 참석하는 것'이다. 그래야 최근 가장 뜨거운 이슈가 뭔지 알 수 있고, 그러지 못하더라도 지인들과의 관계를 돈독히 해 혹시 다른 일을 찾아봐야 하는 시기에 소중하게 활용할 수 있다.

직장이나 가정에서도 예상치 못한 상황들이 일상적으로 벌어질 수 있음을 우리는 이미 잘 알고 있다. 재정 담당관이 당신의 프로젝트에 배정된 예산을 삭감하는 청천벽력 같은 일이 벌어지거나 갑자기 보일러가 고장 나 온종일 집에서 수리공을 기다려야 하는 등의 상황 말이다. 하지만 평소 준비만 잘돼 있어도 대처하기가 한결 수월하다. 그날의 할 일을 신속히 점검하는 것만으로도 무엇을 하고 또 하지 말아야 할지 결정할 준비가 된 것이다.

깨닫기까지 꽤 오래 걸렸던 사실이 하나 있는데 위기가 발생하면 하던 일을 멈추고 곧장 당신이 있어야 하는 곳으로 달려가야 한다는 교훈이다.

내 아들 녀석 하나가 어렸던 시절, 중요한 이사회의에 참석하고 있는데 갑자기 전화가 걸려와 아이가 학교에서 머리를 다쳐 병원에 있다고 알려주었다. 나는 곧장 달려가 아들이 창백한 얼굴로 눈을 감고 누워 있는 걸 발견했다. 간호사가 볼을 꼬집으니 아들 녀석은 환하게 미소 지으며 나를 반겼다. 그리고 이후 깨끗이 나았다. 위기가 사실 위기가 아닐 때도 있지만 직접 대응하기 전까지는 알 수 없다!

SUMMARY

- 미리 준비하면 힘이 생긴다. 우호적 상황은 더 유리하게 활용할 수 있고 나쁜 상황은 만회할 수 있기 때문이다.

- 제대로 준비하는 게 중요한 대표적 상황으로는 면접, 프레젠테이션과 다양한 회의가 있다.

- 면접이 예정돼 있을 때에는 사전에 그 기업에 대해 조사한 뒤 질문에 어떻게 답할지 계획을 세워라.

- 프레젠테이션 할 때 청중을 사로잡으려면 당신의 메시지를 어떻게 전달할지 반드시 미리 연습해봐야 한다.

- 누군가에게 자신을 처음 소개하거나 중요한 회의가 있을 때에는 자신의 목표와 상대방에 대해 제대로 파악해야 믿을 만하다는 인상을 줄 수 있다.

| 생각해봅시다 |

- 사전 준비를 제대로 하지 못해 나중에 후회했던 적이 있는가? 다시 한번 그런 상황에 놓인다면 어떻게 하겠는가?
- 미리 준비할 수 있는 다음 기회는 언제인가?

9장

자신만의
노동 원칙을 세워라

POOH'S STICK GAME

'노동관勞動觀'의 뜻을 찾아보면 노동의 행위나 목적, 가치에 대한 일관적인 견해나 입장으로 규정돼 있다. 나는 여기에 더해 일에 몰두하고 헌신하는 정도를 나타내는 것이 노동관의 진정한 정의라고 생각한다.

그런 면에서 노동관은 중요하다. 당신의 일에 '모든 것을 걸 때' 업계에서 두각을 나타낼 수 있기 때문이다. 어떤 사람이 동료 및 관리자들로부터 신임을 받고 결과적으로 승진도 할 수 있을까? 자신을 기계의 톱니 정도로만 여기고 퇴근 시간이 되기 무섭게 주어진 업무를 모두 완료했다고 말하는 사람? 기계적으로 일하기를 거부하고 회사를 위해 다양한 아이디어를 적극적으로 제시하는 사람? 만약 당신에게 주어진 일을 탁월하게 해내고 스스로 발전하는 것 이외에 중요한 목표가 따로 있다면 상관없다. 하지만 앞으로 더 많은 역량이 요구되고 성취감도 큰 커리어를 구축하고 싶다면 어떤 노동관을 가졌는지가 상당히 중요하다.

물론 그렇다고 해서 당신이 열심히 일하지 않을 거라는 뜻은 아니다. 예를 들어 가장 성공한 기업가들을 보면 오랜 시간을 현장에서 보내고 밤낮없이 일에 몰두하는 등 할 수 있는 모든 헌신을 자신의 임무에 쏟는다. 하지만 자신의 일을 진심으로 즐긴다면 그런 상황 속에서도 크게 힘들지 않을 것이다. 도리어 자신이 맡은 역할에서 성공하겠다는 목표를 정하고 모든 것을 쏟아부으면 에너지가 샘솟는다. 다른 이들보다 조금만 더 노력해도 가장 큰 성공을 일굴 수 있는 이유가 바로 이것이다. 자신의 일에 온전히 집중하고 몰두하기만 해도 돋보일 수 있다.

긍정적 노동관이란?

당신의 근무 현장을 돌아보면 군중 속에서도 단연 돋보이는 소수의 사람들이 있다. 그들은 항상 에너지가 넘치고 유쾌하며 열정적이다. 또 목적의식이 뚜렷해서 관리만 잘하면 순식간에 커리어의 도약을 이룰 수 있을 것처럼 보인다. 그렇다면 무엇이 이들을 특별하게 만드는 걸까?

내 경험에 비춰볼 때 긍정적 노동관을 가진 사람들의 핵심 특징 세 가지가 있는데 누구나 후천적 습득이 가능하다. 먼저 어떤 특징들인지 살펴보자.

1. 고객 관리를 가장 중요하게 여긴다

뤼드의 사업 전략은 다른 기업들을 인수하기보다 유기적으로 성장해나가는 것이다. 이를 실현할 수 있는 방법은 두 가지뿐인데 바로 완벽한 고객 서비스, 그리고 지속적 혁신이다. 그래서 나는 직원들이 가진 가치 중 서비스에 대한 열정과 새로운 아이디어를 제시하는 능력을 가장 높이 산다. 그리고 이런 접근법은 당신에게도 유용할 수 있다. 모든 비즈니스가 그렇듯 당신은 커리어를 유기적으로 성장시키고, 또한 자신의 분야에서도 유능한 일꾼으로 성장하고 싶을 것이다. 가장 좋은 방법은 고객들에게 항상 세심한 서비스를 제공하고 발전할 방법을 끊임없이 고민하는 것이다. 그렇다면 어떻게 해야 다른 이들보다 더 잘 해결할 수 있을까?

일하는 모든 이들에게는 내부적으로든 외부적으로든 고객이 존재한다. 예를 들어 당신이 재정팀에 속해 있다면 회사의 다른 직원들이 내부 고객이 될 테고, 영업사원이라면 당신에게서 구매하는 모든 이들이 고객이 될 것이다. 중요한 건 고객들에게 얼마나 잘 응대하는가 하는 것이다. 게다가 당신에게 주어진 모든 업무에서 가치를 발견할 수 있다. 심지어 좋아하지 않거나 중요하지 않아 보이는 업무에서조차 말이다. 당신의 노동관은 일을 잘 해내기 위해 얼마나 몰두하는지를 나타낸다.

한편 나는 사람들이 다양한 아이디어를 내는 것을 좋아한다. 주어진 역할에서 요구되는 일만 처리하는 데 급급한 게 아니라 좀 더 넓

게 생각하고 있다는 반증이기 때문이다. 한 사람이 제시해야 하는 아이디어의 개수를 구체적으로 기술한 구인 공고를 본 적은 없지만, 언제나 배워왔듯 우리는 하루에 적어도 한 개의 아이디어는 낼 수 있도록 노력해야 한다. 아이디어가 매번 좋을 수는 없고 심지어 항상 실현될 수 있는 것도 아니지만 현실로 이어지는 소수의 아이디어 만으로도 당신과 당신의 기업에 엄청난 변화를 일으킬 수 있다.

2. 지속적 자기발전을 도모한다

내가 항상 느끼는 사실이 있는데 바로 평범한 직원이 가장 관리하기 힘들다는 것이다. 그들은 업무 능력이 형편없는 (그래서 어떻게 해야 할지가 분명한) 직원들과 뛰어난 직원들 사이에 어중간하게 끼어 있기 때문이다. 이러한 (어디서든 대개 대다수를 이루는) 중간층 직원들이야말로 긍정적 노동관을 갖도록 변화시키기가 가장 힘들다.

이는 당신에게도 적용되는 사실이다. 만약 당신이 일상적으로 들이는 노력을 현재의 지극히 평범한 수준에서 상위 10퍼센트 이내로 끌어올리기만 해도 커리어에서 결실을 맺을 수 있다. 자신의 일을 한층 더 즐기고 결과적으로 승진도 할 수 있을 것이다. "기계적으로 주어진 일만 처리하는 데 만족할 것인가 아니면 일인자가 되도록 노력할 것인가?" 이렇게 자문해보기만 해도 엄청난 변화가 생길 수 있다.

3. 동료들과 돈독한 관계를 구축한다

노동관의 중요한 구성요소는 당신의 팀원들과 어떻게 상호작용하는가이다. 누군가 도움을 필요로 하거나 힘든 날을 보내고 있을 때 당신은 어떻게 반응하는가? 동료를 도와줄 줄 아는 직원이야말로 가장 크게 인정받고 또 신임을 얻는다. 경력이 늘수록 차세대 지도자, 관리자, 전문가 및 다른 직원들을 키우게 되는 만큼 사람들에게 영향을 미칠 기회도 늘어난다. 당신이 일에 어떻게 접근하는지는 생산성뿐 아니라 여기서도 잘 드러난다. 당신은 '하루의 업무'를 처리할뿐 아니라 다른 이들에게 영감도 주고 있는 것이다. 이는 또한 직장에서만 벌어지는 일이 아니다. 당신이 속한 공동체, 혹은 당신의 직업군 내에서도 이런 기회는 얼마든지 있다.

지나치게 오래 일하지 마라

지금쯤 당신의 노동관을 보여준다는 게 (종종 포함될 때도 있기는 하지만) 새벽부터 황혼까지 일한다는 의미가 아님을 분명히 깨달았기 바란다. 그보다 당신이 속한 조직에 기여할 수 있도록 최선을 다한다는 뜻이다. 하지만 일각에서 말하는 '장시간 근로 문화'에 대해 살펴볼 필요도 있다. 일을 잘한다는 건 곧 '오래' 일하는 것이라는 전제가 우리 기업 문화에 깊이 침투해 있는데 이는 명백히 잘못됐기 때문이다.

허구한 날 야근하는 게 열심히 일하는 것처럼 여겨지는 게 사실이다. 한밤중에 이메일을 보내고, 휴일에 거래처에 전화하며, 게으름 피우는 듯 보일까 봐 다른 사람들보다 먼저 퇴근하지도 못한다. 자칫 이런 태도는 습관으로 굳어져 건강을 해칠 수 있다. 대부분의 사람들이 이런 생활을 지속하는 건 불가능하며 그렇게 무리했다가는 노동관 따위 내팽개쳐질 수밖에 없다.

스스로 이것만큼은 지키겠다는 선을 그어야 한다. 인터넷과 스마트폰의 발달로 인해 일과 가정을 분리하기가 더욱 어려워진 요즘 같은 때에는 특히 더하다. 업무 중에 중대한 비상상황이 발생한다면 당신은 기꺼이 필요한 모든 조치를 취하겠지만 사실 급박한 문제들은 보기보다 중요하지 않을 때가 더 많다. 예를 들어 우리 회사의 웹사이트가 다운된다면 나는 이를 일급 위기로 분류하고 사무실에 달려가 해결할 수 있도록 지원은 하겠지만 어차피 내게는 관련 기술이 없다는 사실을 잘 알고 있다. 따라서 기술팀을 호출하고 내가 할 수 있는 모든 지원을 아끼지 않을 뿐 그 이상으로 내가 할 일은 마땅히 없다.

하버드 경영대학원의 최고 교수 중 한 명인 클레이튼 크리스텐슨은 고교 시절 야구선수였다. 그가 들려준 이야기에 따르면 당시 그의 팀이 메이저 리그에서 옥스퍼드 대학팀과 겨뤄 최종 결승까지 진출했는데 경기 일정이 그 다음 주 일요일이었다. 독실한 기독교 신자였던 그는 경기 출전 기회를 결국 포기할 수밖에 없었는데 그의 나이 열여섯 살 시절에 매주 일요일의 안식일만큼은 반드시 지키겠다고 자신과 약속했기 때문이다. 그 후로는 이런저런 핑계를 대는 일이 완전히 사라졌고 그래서 그 약속은 자신이 내린 결정 중 가장 중요한 것이 됐다고 그는 말했다.

"이번 딱 한 번만!"

우리는 이 말을 얼마나 자주 듣는가? 하지만 그는 자신과의 약속을 똑똑히 알고 있기 때문에 이런 생각을 할 필요도 없었다. 같은 맥락에서 나 역시 일요일만큼은 휴대폰의 전원을 끄고 안식일을 준수한다. 나와 내 동료들도 자신만을 위한 공간을 갖는 게 중요하기 때문이다.

한편 장시간 근로라는 주제가 좀 애매해지는 상황도 존재한다. 오랜 시간 근무하더라도 효율성이 떨어지지 않고 계속해서 열정적으로 몰두할 수 있다면 문제 될 게 없다.

내 경우에도 온 가족이 근무하는 기업에서 일하기 때문에 언제 일이 끝나고 또 어디서부터 가정생활이 시작되는 건지 확실히 구분하기가 힘들다. 그리고 대부분의 기업체 오너들처럼 다른 직원들보다는 회사에 대한 애정이 크다. 나는 '워크-라이프 밸런스Work-Life Balance(워라밸)'라는 용어를 그리 좋아하지 않는데 그 의미에만 놓고 보면 일하는 동안 삶이 존재하지 않는다는 뜻이기 때문이다. 이보다는 '워크-라이프 통합'이 좋다. 다시 말하지만 일은 아주 중요한 삶의 일부다.

일을 즐기면 모든 게 쉽다

• • • • • • • • • • • •

만약 당신이 지속가능한 이기심을 갖고 있다면 열심히 일하는 것과 영리하게 일하는 게 서로 분리될 수 없다는 사실을 잘 알 것이다. 그러면 노력이 힘들게 느껴지는 게 아니라 당신의 노동관을 표현하는 여러 방법 중 하나가 된다. 당신의 직책은 당신 자신보다 거대하다. 직책을 통해 당신의 목표를 달성해나가기 때문이다. 당신이 하는 일을 진심으로 사랑한다면 열심히 하고 싶지 않은 이유가 어디 있겠는가?

존경할 수밖에 없는 노동관을 가진 이들은 수도 없이 많다. 그중 으뜸은 내 아버지로, 아버지는 85세의 고령에도 여전히 왕성하게 일하신다. 일을 사랑하시기 때문이다. 아버지는 항상 뤼드가 당신의 '인생 직장'이라고 말씀하신다. 보통 내가 일을 그르칠까 봐 걱정될 때 하시는 말씀인 게 걸리기는 하지만 말이다. 아버지가 청년 시절에 뤼드를 설립하고 60여 년이 지난 지금까지도 적극적으로 일에 관여하시는 걸 보면 아버지야말로 자신의 노동관을 오롯이 행동으로 보여주시는구나 싶다. 그것도 아무나 감히 따라잡을 수 없는 수준의 실천이다.

당신도 이렇게 노동관대로 행동하며 살아가고 싶다면 당신이 성취한 것들을 하나하나 기록하는 것도 좋은 방법이다. 스스로에게 동기부여가 될 뿐 아니라 필요한 때 자신의 성과물을 소개하는 데도 도움이 된다. 나는 우리 회사의 새 고용 상담사들에게 자신이 취업으로 연결시켜준 구직자들의 이름을 매달 기록해두도록 조언한다. 그들의 삶에 자신이 긍정적 영향을 미쳤다는 사실을 상기하는 게 좋을 뿐더러 스스로를 점검하는 데도 도움이 되기 때문이다.

만약 긍정적 노동관을 정립하기가 힘들다면 현재 몸담고 있는 일이나 조직이 당신에게 맞지 않는 것일 수 있음을 기억하라. 실제로 그렇다고 해도 문제될 건 없으며 누구나 언젠가 한 번은 이런 시기를 거치기 마련이다.

수년 전 나는 광고업계에서 일했고 한동안 재미도 느꼈지만 똑같은 일을 반복하게 되자 흥미가 시들해지기 시작했다. 결국 내가 예전만큼 몰두하지 못한다는 사실을 깨닫고는 그곳을 떠나 다른 일을 시작했다.

만약 새로운 아이디어도 내고 나름대로는 점점 나아지고 있는데 아무도 알아주지 않거나 아이디어를 실현할 방법이 없다면 의욕이 꺾일 수 있다. 이때 소속된 기업의 조직 문화가 주요 원인이라면 다른 회사로 이직하거나 직접 사업을 시작하는 것 이외에는 별다른 방법이 없다. 하지만 함께 일하는 사람들이 원인이라면 그들이 이 회사에 영원히 다니는 건 아니라는 사실을 기억하자. 그리고 현재의 불편한 상황이 끝나기를 기다리거나 기분 전환이 될 만한 일을 하는 것 중에 선택할 수 있다. 단 문제가 무엇인지 정확히 파악해야 당신의 열정이 사그라드는 일을 막을 수 있다.

성과 알리기

. . . .

이제 당신의 노동관을 과시할 차례다. 사람들 중에는 자신의 성과에 대해 늘어놓는 걸 꺼리는 이들이 적지 않다. 괜히 뽐내는 듯 들릴까 봐 걱정도 되고, 이목을 끄느니 차라리 아무도 모르게 넘어가는 게 낫다고 생각하는 것이다.

영업 등 일부 직업의 경우에는 실적 면에서 당신이 동료들과 비교해 얼마나 잘하고 있는지 명백히 드러나지만 다른 직업들은 그렇지 않다고 생각하기 쉽다. 하지만 심지어 성공을 판단하는 기준이 모호한 직군에서조차 사람들이 당신을 얼마나 정확하게 평가하는지 알면 깜짝 놀랄 것이다. 따라서 당신이 의지가 강하고 창의적이며 열정적이라면 당연히 높은 점수를 받게 돼 있다.

그렇다고 해서 매일같이 상관을 찾아가 "저 좀 봐주세요"라고 말해야 한다는 얘기가 아니다. 그보다 당신의 직책과 조직 문화에 걸맞은 방법을 찾아야 한다. 지난 수년간 내게 깊은 인상을 남긴 직원들을 떠올려보면 단연 건설적인 제안을 내놓은 이들이었다. 건설적 제안이란 불평과는 엄연히 다르다. 마땅한 대책도 없이 투덜대기만 하는 직원은 어떤 리더에게든 골칫덩이다. 반면 회사의 문제점을 주저 없이 지적하고 대신 어떻게 하면 좋을지에 대한 아이디어까지 제시하는 직원에게 나는 하나같이 깊은 인상을 받았다. 긍정적 주목을 받는 주인공이 되고 싶다면 회사의 문제점을 드러낸 뒤 새롭게 접근할 수 있는 방법을 제안해보면 어떨까? 그렇다면 당신의 노동관이 너무나 자명하게 드러날 것이다.

문제가 발생했을 때

실수를 저질렀을 때 대처하는 방식은 당신의 노동관을 드러내는 주요 요소다. 당신이 지닌 노동에 대한 철학이 상당 부분 드러내기 때문이다. 문제를 일으켰을 때 기꺼이 책임을 인정하고 직접 해결하겠다는 의지를 밝히면 당신에게는 회사의 이익이 최우선이라는 사실이 입증되는 셈이다. 하지만 도리어 은폐하려 들면 (심지어 성공으로 가장하거나 다른 사람의 책임으로 떠넘기려 들면) 당신은 자신의 평판을 지키는 데에만 급급한 사람이라는 인상밖에 남길 수 없다.

최근 나는 대규모 프로젝트에 진행 승인을 내렸는데 책임자가 막판에 내게 와 애초 예상보다 5만 파운드가 더 필요하게 됐다는 나쁜 소식을 전했다. 이는 두 가지 면에서 문제였다. 첫째는 이로써 프로젝트 관리가 제대로 되지 않은 사실이 드러났다는 점이고, 두 번째는 책임자의 늑장 대처로 인해 해결책을 강구할 시간마저 없어졌다는 점이다. 만약 뭔가 잘못될 조짐이 보인다면 일찌감치 도움을 요청해야 한다. 그래야 사태를 바로잡고 싶다는 당신의 의지라도 보여줄 수 있기 때문이다.

당신이 이끄는 팀의 구성원이 실수하거나 위기 상황에 맞닥뜨렸다면 어떻게 해야 할까? 그에게 가서 적극적으로 돕는 게 당신의 노동관을 보여줄 수 있는 좋은 방법이다. 나도 경험이 쌓이면서 이런 상황에 대처하는 데 좀 더 능숙해졌고, 당신 역시 맡은 책임이 늘수록 자신의 실수를 수습할 때와 다른 이를 지지해줄 때의 차이를 깨닫게 될 것이다.

예전에 워싱턴의 미국 국방대학에서 열린 지도자 양성과정에 참여한 적이 있었다. 여기서 얻은 깨달음 중 하나는 위기가 닥쳤을 때 지도자는 항상 "총성이 들리는 쪽으로 고개를 돌려야 한다"는 것이었다. 다시 말해 지도자는 항상 현장을 지켜야 무슨 일이 일어난 건지 직접 목격해야 이해할 수 있고, 그래야 또 적절한 대책을 세울 수 있다는 의미다. 문제가 발생했을 때 모든 원인이 지도자의 잘못이라는 것은 아니지만 이를 해결하는 건 분명 지도자의 책임이다. 이렇게 자명한 원칙도 잘 지켜지지 않는 모습을 나는 자주 목격해왔다. 만약 당신이 지도자라면 직접 현장으로 가라.

다시 한번 말하지만 실수는 누구나 하기 마련이며 이때 중요한 건 실수에 어떻게 대처하느냐다. 만약 당신이 실수를 직접 바로잡고 싶으며, 다시는 같은 실수를 반복하지 않겠다는 의지를 보여준다면 상대방도 용서하기가 훨씬 수월해질 것이다.

SUMMARY

- 바람직한 노동관을 가진 것과 열심히 일하는 것은 엄연히 다르다. 바람직한 노동관을 위해서는 자신이 하는 일에 몰두하고 헌신하는 게 중요하다.

- 바람직한 노동관을 가진 이는 조직에 기여하고 새로운 아이디어를 제시하며 자기발전을 게을리하지 않고 동료들에 호의적이다.

- 장시간 근로로 인해 지칠 대로 지쳤다면 문제지만 당신이 그 일을 사랑하고 보람을 느낀다면 오래 일하는 것도 상관없다.

- 당신의 상사에게 당신이 일군 성과를 반드시 알려라.

- 실수는 항상 일어나기 마련이지만 중요한 건 어떻게 대처하느냐다.

| 생각해봅시다 |

- 지금 당신의 노동관 중 과시하고 싶은 핵심 요소가 무엇인가?

- 직장에서 유난히 강조하고 싶은 당신의 성과를 선택할 수 있는가?

10장

도움을 청하라

오늘 당신은 누군가에게 도움을 요청한 적 있는가? 내 예상대로라면 아마 없을 것이다. 우리는 도움을 청하는 데 익숙하지 않기 때문이다.

문득 몇 년 전 마테호른 산에 오르다 발목이 부러졌던 사건이 떠오른다. 덕분에 나는 두 달 동안 휠체어 신세를 져야 했고 '휠체어맨'이라는 별명까지 얻었다. 당시 먹고 씻고 옷을 입는 등 기본 생활에 필요한 일들을 위해 타인에게 의존해야 하는 게 어떤 건지, 그리고 사실 지금까지도 내 가족, 친구와 동료들에게 얼마나 많이 의지해왔는지 깨달았다. 당신은 아무쪼록 이렇게 극단적 경험을 하지 않고도 도움을 요청하는 행위의 가치를 깨달을 수 있기 바란다. 대부분의 직장은 사람들이 서로를 돕기에 최적의 장소이기 때문이다.

우리가 도움을 요청하는 데 상당한 거부감을 갖고 있는 걸 보면 의아하기만 하다. 내가 도와달라고 이야기할 때마다 사람들은 하나같이 기쁜 마음으로 응했기 때문이다. 당신이 커리어적으로 목표를 정했거나, 새로운 걸 배우고 싶거나, 기발한 사업을 시작하고 싶은

야심이 있다면 도움의 손길을 내밀어줄 사람이 항상 곁에 있기 마련이다. 세상에 몸을 던질 준비만 돼 있다면 당신의 커리어를 발전시킬 수 있는 엄청난 기회가 아직 존재한다는 뜻이다.

도움을 청하는 건 결코 연약한 행위가 아니다. 오히려 그 반대다. 당신이 모든 걸 다 할 순 없다는 사실을 인정하려면 용기가 필요하기 때문이다. 하지만 조금만 생각해봐도 이는 명백한 사실이다. 대체 왜 모든 걸 다 할 줄 알아야 한다는 말인가? 내게는 그런 능력이 없다. 심지어 어린 시절 자전거 타는 법을 배울 때에도 누군가 안장을 잡아줘야 했다. 당신이 이따금 도움을 필요로 한다고 해서 놀랄 사람은 아무도 없다. 도움을 청하는 행위에는 당신이 모든 걸 다 알지는 못한다는 자기 인식, 그리고 그 사실을 스스럼없이 터놓을 수 있는 자신감이 포함된다. 게다가 약간의 용기도 필요하다. 이 모든 요소들은 꽤 매력적이어서 다른 사람들이 당신을 긍정적으로 바라보게 해줄 것이다.

우리는 만약 다른 누군가에게 도움을 청해야 하는 상황이 오면 거절당할까 봐 걱정할 때가 많지만 입장을 바꿔서 생각해보자. 누군가 당신에게 그렇게 다가온다면 아마 기분 좋게 느껴질 것이다. 한 동료가 당신에게 30분만 시간을 내달라고 요청하면서 그 이유가 당신은 뭔가 특별한 얘기를 해줄 것 같아서라고 밝힌다면 단칼에 거절하겠는가? 당연히 아니다. 호의적인 지지자 네크워크를 구축하는 일은 당신만의 팀을 만드는 가장 효과적인 방법이다.

내미는 손의 아름다움

· · · · · · · · · · · ·

오픈 대학의 마틴 빈 전 부총장이 날 찾아왔던 날을 기억한다. 시원한 미소에 따뜻하고 호감 가는 성품을 지닌 그는 온라인 학습 프로그램을 개발하고 싶다는 뜻을 전해왔다. 다른 대학 및 협회와 협력해 다양한 온라인 강의를 무료로 공개함으로써 보다 많은 이들이 양질의 교육을 받을 수 있게 기여하고 싶다는 것이다. 당시 그는 내게 이렇게 물었다.

"이 아이디어에 대해 어떻게 생각하세요? 혹시 당신이 도와주실 수 있을까요?"

안 그래도 호감형인 그의 적극적 태도에 나는 주저 없이 내 생각과 아이디어에 대해 이야기했다. 솔직히 그런 요청을 받은 것만으로 기분이 좋았다. 이런 식으로 정보에 접근한 결과 부총장은 그의 프로젝트에 꼭 필요한 조언들을 상당량 확보했다. 뿐만 아니라 나를 포함해 그 프로젝트를 지지하는 새로운 동지와 지인까지 구축했다. 그의 도움 요청이 우리 사이에 어떤 유대감을 형성해주었기 때문이다. 마침내 마틴과 그의 팀은 다양한 주제에 관한 유·무료 인터넷 강의 플랫폼, 퓨처런FutureLearn을 개설했다.

마틴이 이처럼 천연덕스럽게 도움을 요청할 수 있었던 건 자신의 목표를 달성하려면 어떻게 해야 하는지 이미 알고 있다는 인상을 주는 데 연연하지 않았기 때문이다. 도리어 그는 툭 터놓고 도와달라고 할 만큼 견고했다. 성공한 사람들은 하나같이 이렇게 행동한다. 고위 경영 지도자들은 자신의 회사에 이따금 제삼자를 초대해 발전할 묘책을 물어보는 게 좋은 방법임을 이미 오래전부터 알고 있었다. 경영 관리업체가 성공할 수 있는 이유가 바로 이 때문이다. 그리고 이 원칙은 분명 우리 개인에게도 적용될 수 있을 것이다.

내가 조언 구하기 가장 좋아하는 곳 중 하나는 지난 20년간 매달 한 번씩 만남을 가져온 기업가 모임이다. 각자 사업체를 운영하고 있는 우리는 서로 아이디어를 제시하고 기회와 어려운 점 등을 공유한다. 내 회사가 맞게 가고 있는 건지 확신이 서지 않을 때, 혹은 개인적 고민이나 가족 문제로 골머리를 앓고 있을 때 수시로 조언을 구한다.

오래전 뤼드를 다시 가족 소유로 되돌리고 싶은데 과연 옳은 판단인지, 가장 좋은 방법은 뭔지 알 수 없었을 때에도 나는 이 모임의 의견을 구했다. 당시 한 가지 확실한 건 내가 그 일을 추진할 경우 뤼드의 초기 성공 비결이라 할 특유의 가족 문화를 재창조할 수 있다는 사실이었다. 또한 당장 수익을 창출해야 한다는 압박 없이 장기적 비전에 입각해 과감한 예산 집행 결정을 내릴 수도 있었다. 기업가 모임 멤버 중 몇몇이 이 같은 경험을 갖고 있었고 그들의 조언과 지지 덕분에 나는 자신감을 갖고 계획대로 추진할 수 있었다. 그 결과 뤼드를 무사히 내 가족 소유로 되돌릴 수 있었는데 이 결정에 대해서는 단 한 번도 후회한 적이 없다. 이후 처음으로 한 결정이 수백만 파운드를 투자해 새 디지털 고용 서비스를 시작한 것인데 의지할 수 있는 외부 주주들이 없었다면 아마 실행하지 못했을 것이다.

균형 잡힌 시각을 가질 수 있다는 점도 도움을 요청해서 누릴 수 있는 또 다른 장점이다. 대개 사람들은 자신의 경험에 기반해 세상을 바라보는 시각을 구축하는데 이렇게 타인의 조언을 구함으로써 편협해지는 걸 방지할 수 있기 때문이다. 당신의 목표와 아이디어에서 얻을 게 없는 사람들이야말로 당신에게 객관적 평가를 내려줄 수 있다. 당신이 간과했던 문제점들을 지적해줄 수 있을 뿐 아니라 만약 그 계획이 훌륭하다면 자신감도 북돋워줄 것이다. 만약 주변에서 내 기업가 모임과 비슷한 단체를 찾을 수 있다면 당신의 일상 속으로 편입시켜라. 많은 도움이 될 것이다.

서로의 어깨가 되어주기

살아가면서 받을 수 있는 도움은 끝도 없어서 오히려 어디서부터 시작하면 좋을지 막막할 수 있다. 도움을 구하는 데 익숙하지 않은 당신을 위해 여기서는 상상력을 발휘할 수 있는 아이디어를 함께 살펴보도록 하자.

커리어를 시작하는 단계라면 당신이 성장하고 싶은 분야에서 이미 성공을 일군 인생 선배를 찾아 다가가라. 당신이 현재 직면한 낮선 세계에서 그들이 멘토가 되어 길을 안내해줄 수 있다. 만약 훌륭한 멘토라면 당신이 안주하지 않도록 채찍질할 뿐 아니라 확신을 내리지 못하고 있는 여러 사항들도 말끔히 정리해줄 것이다. 연배가 좀 있는 사람은 당신 세대에 맞는 아이디어를 모를 거라고 생각하기 쉽지만 멘토를 잘만 선택한다면 세대불문의 진리를 배우는 건 물론, 따뜻한 격려까지 받을 수 있다. 심지어 당신의 인생에 결정적 역할을 할 사람을 소개받을 수도 있다.

만약 당신이 20년 정도의 경력을 가진 관리자인데, 새롭게 도입된 애플리케이션이나 소프트웨어 플랫폼의 사용법을 전혀 모르겠다면 어떻게 해야 할까? 이럴 때에는 젊은 사람들의 도움이 구명조끼가 되어줄 수 있다. 그들이 새로 도입된 시스템의 장단점과 사용법을 상세하게 알려줄 테니 말이다. 뿐만 아니다. 그들 역시 인생 선배로 우러러보는 누군가가 자신에게 뭔가를 배우려 한다는 사실에 뿌듯함을 느낄 것이다. 이로써 상호 생산적인 관계가 새롭게 시작될 수 있다.

나 역시 세 권의 전작을 집필할 당시 자료 수집을 위해 수백 명의 사람들로부터 조언을 구했고 이른바 크라우드소싱의 힘을 직접 경험할 수 있었다. 일례로 끝내주는 이력서 작성법을 담은 『7초 만에 합격하는 이력서The 7 Second CV』 집필 당시에는 수많은 고용 담당자들로부터 최고 및 최악의 이력서에 관한 피드백을 얻었다.

마찬가지로 당신 역시 다양한 온라인 도구들을 활용해 차기 프로젝트나 자선사업을 위한 크라우드펀딩을 도모할 수 있다. 가치 있는 명분이라는 확신만 생기면 사람들이 얼마나 자비로워지는지 확인하게 될 것이다. 실제로 뤼드의 자선 웹사이트인 빅 기브에서도 크라우드소싱과 매칭 펀드 덕분에 무려 1억 파운드가 넘는 기부금이 모였다.

오랫동안 동료 모임을 갖지 못한 나는 그런 모임에 소속돼 있는 사람을 보면 부러운 게 사실이다. 만약 일 때문에 힘들거나 어떤 문제가 생겨 숨 막힐 지경이라면 당신 옆의 동료에게 조언을 구하는 게 어떤가? 당신 주변에서 어떤 일이 일어나고 있는지 듣는 것만으로 여러 가지 유용한 정보를 습득할 수 있다. 나는 흥미로운 활동을 하는 똑똑한 사람들을 곁에 두고 그들이 문제 상황에 어떻게 대처하는지, 그날의 이슈에 대해서는 어떻게 생각하는지 지켜보는 것만으로 많은 걸 배웠다. 그런 상호작용 하나하나를 기회로 포착할 수 있어야 한다.

개인적 문제가 생겼다면 도움을 구하는 게 더더욱 중요하다. 객관적 판단을 내리기 어려울 뿐만 아니라 막막하게만 느껴지기 때문이다. 당신을 위한 게 뭔지 진심으로 고민해줄 사람은 누구인가? 아마 당신의 가족, 가까운 친구나 이웃 중 적임자를 찾을 수 있을 것이다. 일단 도움을 요청하고 그들의 반응을 지켜보아라. 깜짝 놀라게 될 게 분명하다.

도움을 청하는 가장 좋은 방법

· · · · · · · · · · · ·

어디서부터 시작해야 할지 막막할 때에는 누구에게든 무작정 달려가 이렇게 말하고 싶은 충동이 든다. "끔찍한 문제가 생겼는데 도와줄 수 있나요?" 이해는 가지만 상대방의 입장에서 생각해보자. 무엇보다 구체적인 상황 설명을 해줘야 그들이 뭐라고 말해야 할지 헤매는 일이 없다.

경영 컨설턴트인 내 친구 한 명은 최근 동료로부터 이런 이야기를 들었다. "여기는 이제 지긋지긋해. 그런데 어떻게 해야 할지 도무지 모르겠어." 내 친구는 이렇게 답했다고 한다. "절대 다시는 이런 식으로 이야기하지 마. 네가 먼저 생각을 정리한 후에 도움을 청하도록 해."

내 친구의 말이 맞다. 만약 그 동료가 "IT업계에서 새로운 일을 좀 하고 싶어. 아예 새롭게 시작할 커리어를 찾고 싶기도 하고. 혹시 도움 받을 만한 사람을 소개해줄 수 있을까?"라고 말했다면 내 친구도 적절한 조언을 해줄 수 있었을 것이다.

나 역시 막연히 커리어에 관한 조언을 구하거나 "저는 어떤 일에 지원해야 할까요, 제임스?"라고 묻는 사람에게는 아무런 도움도 줄 수가 없다. 누군가 "저는 경마업계에서 커리어를 쌓기로 결심했어요"라고 말한다면 진지하게 고민한 뒤 조언해주는 게 가능하다. 실질적으로 도움이 되는 대답을 듣고 싶다면 당신 스스로 문제를 명확히 정리하는 수고부터 들여야 한다. 당신의 목표가 분명할수록 더 유익한 피드백이 돌아올 것이다.

이런 식의 사고를 훈련하는 데에는 경영이 가장 큰 도움이 된다는 사실을 나는 뤼드의 컨설턴트를 고용했을 때 깨달았다. 당시 가격 책정, 브랜딩, 디지털 자산 현금화 등 여러 분야에 관한 조언을 얻을 수 있었고 이들은 모두 올바른 질문이 뭔지 파악하는 문제로 귀결되었다.

『피터 드러커 자서전』에서 경영학의 거장 피터 드러커는 제너럴 모터스General Motors의 전설적 회장 알프레도 슬론에 관한 한 에피소드를 들려준다. 그가 주재한 간부 위원회 회의에서 운영 부서를 이끌어갈 대표직 후보자의 자질을 두고 토론이 벌어졌다. 상당히 중요한 직책이었고, 모두들 후보자가 지금껏 다양한 위기 상황에 훌륭하게 대처해왔다는 데 동의했다. 누가 봐도 이상적인 후보자였던 것이다. 그때 슬론이 끼어들었다. "무척 인상적인 활약상이네요. 그런데 이 후보자가 모든 위기 상황을 훌륭하게 극복한 건 알겠는데 애초에 어떻게 관여하게 된 거죠?" 위원회가 수많은 문제들을 해결한 후보자의 역량에만 집중하는 사이 슬론은 그가 애초에 이 문제들을 왜 일으켰는지에 대해 질문한 것이다. 슬론으로서는 단순히 문제를 해결하는 데 그치지 않고 기업을 성장시킬 수 있는 인물을 원했다는 사실을 고려할 때 이는 결정적인 구분이었다.

마지막으로, 자꾸만 도움을 청하는 데 실패한다면 계속해서 노력하라. 어려운 요청일수록 기꺼이 들어줄 사람을 찾는 데 시간이 걸릴 수 있는 만큼 혹시 거부 반응이 돌아오더라도 부디 낙담하지 않길 바란다. 곧장 수락해주면 좋겠지만 혹시 아니더라도 괜찮다. 충분히 시도한다면 결국 원하던 답을 얻게 될 것이기 때문이다.

혼자는 여럿을 이길 수 없다

당신이 많은 도움을 제공할수록 사람들 역시 기꺼이 당신을 도울 거라는 사실은 두말할 필요가 없다. 이는 호혜互惠의 원칙 때문이기도 하지만 인간의 본성이기도 하다. 이론에 따르면 당신이 누군가를 위해 뭔가를 해주면 그들도 언젠가 당신을 위해 뭔가를 해주게 돼 있다. 그리고 이것이야말로 사람들이 호의를 베풀기 좋아하는 이유다. 더 많이 베풀수록 더 많이 돌아오는 것이다.

로버트 시알디니는 자신의 저서 『설득의 심리학2: YES를 끌어내는 설득의 50가지 비밀』에서 이 이론을 입증하는 강력한 사례를 제시한다. 참가자들이 한 낯선 이로부터 코카콜라 한 캔을 아무 이유 없이 받게 되는데 잠시 후 그 사람이 또다시 다가와 기금 모금을 위한 복권을 사달라고 요청하는 내용이다. 이때 앞서 코카콜라를 받은 사람은 그렇지 않은 사람에 비해 복권을 구입할 확률이 두 배나 높았다.

이 같은 호혜의 원칙은 일상적 소통 및 관계에 있어 공정성에 대한 우리의 고정관념을 잘 보여준다. 그리고 이는 우리 사회를 하나로 묶어주는 끈과 같다. 생각해보라. 커리어의 막바지를 향해 갈 때 가장 기억나는 게 무엇이겠는가? 지금껏 벌어들인 돈? 아니다. 그동안 당신에게 손 내밀어준 사람들이다.

안타깝지만 도움을 받는 것조차 어려운 사람들도 있다. 예전에 충격적이고도 참담한 사건을 목격하면서 깨달은 사실이다. 쌀쌀한 월요일 아침, 시내의 지하도를 빠져나와 가장 좋아하는 커피숍을 향해 걸어가던 중 매장 문 앞에서 잠들어 있는 한 노숙자를 발견했다. 판지 한 장을 바닥에 깔고 침낭을 덮고 있는 그의 머리맡에는 동냥을 위한 플라스틱 테이크아웃 컵이 놓여 있었다. 그런데 그때 한 남성이 주위를 두리번대며 컵에 돈이라도 넣을 것처럼 다가오더니 그 안에 든 돈을 낚아채 달아나는 것이 아닌가. 심지어 그 도둑은 누군가 쫓아가기도 전에 버스를 잡아타는 데 성공했다. 반면 도와달라고 소리치던 노숙자는 오히려 폭행까지 당해야 했다. 그 순간 나는 링컨서에서 이곳으로 갓 이사한 내 비서에게 이렇게 말했다. "런던에 온 걸 환영해."

물론 대가와는 아무 상관없이 순전히 남을 위하는 마음에서 사람들을 돕는 이들도 있다. 교수이자 컨설턴트인 크리스틴 포래스는 직장 내 무례함이 어떤 영향을 미치는지 연구해 발표했는데 사람들이 평소 충분히 배려받지 못하면 업무 효율은 25퍼센트, 제시하는 아이디어의 수는 45퍼센트 각각 감소한다는 사실을 밝혀냈다. 당신이 남들을 대하는 태도 역시 중요한데 성공은 결코 혼자 힘으로 일굴 수 있는 게 아니기 때문이다.

미처 인식하지 못할지언정 우리는 매 순간 서로를 돕고 있는 게 현실이다. 당신이 지금 앉아 있는 의자는 일면식도 없는 누군가가 만든 것이고, 당신이 지금 누리고 있는 여유는 다른 누군가의 노력의 산물이며, 당신이 먹는 음식은 전 세계 농부와 생산자들이 일군 노동의 결실이다.

생각해보면 서로 돕는다는 건 근사한 일일뿐더러 당신의 목표를 이루는 수단이 되기도 한다. 아침에 입을 옷을 찾는 것이든 꿈꾸던 직업을 갖는 것이든 말이다. 타인에게 도움을 제공함으로써 이 선순환을 최대한 활용하라. 옛말에도 있지 않은가. "오르막길에서 만나는 사람들에게 친절히 하라. 내리막길에서 다시 만나게 될 테니."

SUMMARY

- 우리는 뭐든 할 수 있다고 생각하기를 좋아해서 남에게 도움을 요청하지 않는 경향이 있다.

- 도와달라는 요청을 받은 이들은 오히려 뿌듯함을 느끼고 도움을 요청할 줄 아는 사람을 높이 평가한다.

- 도움을 요청하면 당신의 선입견을 바로잡아줄 객관적 조언을 들을 수 있고 유용한 정보도 얻을 수 있다.

- 누구에게든 도움을 요청하기 전에 직접 할 수 있는 일은 최대한 처리해서 상대방이 비교적 수월하게 대처할 수 있도록 하라.

- 도움을 요청하는 것만큼 베푸는 것도 중요하다. 세상은 그렇게 돌아간다.

| 생각해봅시다 |

- 마지막으로 도움을 청한 게 언제인가?
- 지금 당장 도움이 필요한 일이 있는가? 누구에게 도움을 청할 수 있는가?

11장

직장상사를 첫 번째
멘토로 삼아라

POOH'S STICK GAME

　소크라테스는 플라톤을 가르쳤고 플라톤은 아리스토텔레스를 가르쳤으며 아리스토텔레스는 알렉산더 대제를 가르쳤다. 그리고 우리는 수천 년이 지난 지금까지도 이 네 명의 위인에 대해 이야기한다. 같은 맥락에서 누구보다 똑똑한 사람들 역시 남부럽지 않은 지식을 갖췄음에도 훨씬 풍부한 경험과 식견으로 자신의 커리어를 이끌어줄 수 있는 사람들이 존재한다는 사실을 알고 있다.

　마지막으로 많은 경험을 쌓을 수 있는 일자리를 열심히 찾아다녔던 때가 언제인가? 돈은 벌 수 있을지 모르지만 배울 게 없는 일자리를 거절했던 때는 또 언제인가? 둘 다 꽤 오래전 일이라면 이제부터 할 이야기에 귀 기울여라. 커리어의 각 단계를 배움의 기회로 설정하면 보상이 뒤따를 것이다.

　본격적으로 커리어를 쌓기 시작할 때 많은 영감을 주는 상사나 모르는 게 없는 전문가 밑에서 일하는 것만큼 값진 기회도 없다. "20대에 배우고 30대에 벌어들여라"라는 말이 명언인 데에는 다 이유가 있다. 초기에는 자신만의 핵심 기술을 개발하고 상업적 이해를 구축하는 게 엄청난 돈을 벌어들이는 것보다 중요하다. 초반에 값진 경험을 많이 쌓을수록 배운 걸 더 오래 적용할 수 있을 뿐 아니라 단기간에 당신의 커리어를 더 깊이 탐험할 수 있다.

이 같은 전제는 당신이 이미 20대가 아니라고 해도 여전히 유효하다. 경력이 쌓일수록 배울 게 별로 남아 있지 않다고 치부하기가 쉽기 때문이다. 그리고 눈치 챘겠지만 이는 실패로 가는 지름길이다. 하루가 다르게 변해가는 이 세상에서 모든 걸 알고 있다고 단정하면 실패할 수밖에 없다(기업의 역사는 시대의 변화에 발맞추지 않은 기업들의 파산으로 점철돼 있다). 경력이 쌓여도 배움을 게을리하지 않는 게 항상 쉬운 일은 아니지만 자신을 발전시켜 나가겠다는 마음가짐이 확고하다면 어떤 기회라도 놓치지 않을 확률이 높다. 또한 그 기회는 많은 걸 배울 수 있는 사람 밑에서 일하는 형태일 수도 있고 그 자체로 위대한 경험이 되는 상황 속에 자신을 던지는 형태일 수도 있다. 물론 둘 다 값진 일이다.

나는 어떻게 그 일을 배웠나
· · · · · · · · · · · · ·

기업가 부모님 밑에서 자란 나는 운이 좋다고 할 수 있다. 어린 시절을 떠올려보면 방학이나 주말에(아버지는 1960년 5월 7일, 당신의 첫 기업을 설립한 이래 매주 토요일에도 어김없이 출근하셨다) 아버지 사무실에 따라다녔던 기억이 난다. 사무실 분위기에 적응하고 아버지의 첫 동료들을 알게 됐던 그때 비즈니스를 성공으로 이끄는 법을 뭔지도 모른 채 배우기 시작했던 것 같다. 당신의 일을 어떻게 배울 수 있을지 고민 중이라면 이런 방법도 고려해볼 수 있다. 당신이 하루를 함께 보내는 건 누구인가? 어쩌면 감탄할 만한 업무 능력을 갖추고 있고 사람들과도 편안하게 소통하는 동료일 것이다. 예상치 못한 어려움과 기회가 닥쳤을 때 이들이 어떻게 접근하는지 지켜보는 건 가장 흥미로운 기회라고 할 수 있다. 당신은 그로부터 무엇을 배울 수 있는가?

내 아버지는 에너지가 넘치는 분으로 항상 새로운 아이디어의 중요성을 강조하셨다. 또한 나가서 사람들을 만나 거리낌 없이 질문하고 조언을 구할 줄 알아야 한다고도 말씀하셨다. 나는 아버지와 함께 보낸 지난 수년간 이런 가르침을 내 것으로 만들어왔고, 그래서 내 사업을 갖게 된 지금은 수시로 사무실에 들러 사람들과 대화를 나눈다. 항상 그렇게 하는 고객들은 어떤 느낌인지 알고 싶기 때문이다. 덕분에 나는 (현재 상황을 들음으로써) 정보, (사람들의 제안을 들음으로써) 아이디어와 (사람들의 성취에 관한 고무적 이야기를 들음으로써) 영감을 얻을 수 있다. 기업가로서 나는 항상 정보에 훤하고 창의적이며 의욕적이어야 한다.

내가 커리어 초기에 많은 걸 배울 수 있었던 또 다른 직업은 당시 세계 최고의 명성을 자랑하던 광고 대행사 사치 앤드 사치 Saatchi &

Saatchi의 홍보 및 구매 담당이었다. 내 역할은 카피라이터와 디자이너가 만든 광고를 내보낼 언론사의 채널을 확보하는 것으로, 텔레비전 방송국과 잡지사, 신문사 및 라디오 방송국과 끊임없이 소통하며 성과를 내야만 했다.

그 과정에서 나는 협상에 관해 상당히 많은 걸 배울 수 있었다. 무엇보다 어느 협상이든 그 결과의 질은 내가 어떤 질문을 하는지, 혹은 심지어 질문을 하나라도 하는지에 따라 달라진다는 사실을 깨달았다. 예를 들어 내가 광고 게시 예약을 사전에 하거나 막판에 취소된 공간이 있는지 확인하고 그 자리를 채우게 되면 비용을 할인받을 수 있었다. 또한 내가 어떻게든 협상을 성사시켜야 하는 입장일 때에는 협상력을 발휘할 여지가 없다는 사실도 배웠다. 한편 협상에도 인간적 요소가 작용했는데 내가 친근하고 유쾌한 태도로 판매자에게 호감을 주면 좀 더 좋은 조건을 따낼 수 있었던 것이다. 덕분에 나는 관계의 힘이 비즈니스에서도 어김없이 영향력을 발휘한다는 사실 역시 알게 되었다.

지금도 최고의 조건으로 협상을 성사시켰다고 자랑하는 동료를 만나면 나는 다시 가서 좀 더 얘기해보라고 조언한다. 그게 사실이 아닐 확률이 다분하기 때문이다. 스스로 최선의 결과를 끌어냈다고 생각되더라도 언제나 그 이상을 요구하도록 하자. 예상을 뛰어넘는 결실이 찾아올지도 모른다.

더바디샵에서 얻은 교훈

. . . .

내가 가장 풍부한 경험을 쌓을 수 있었던 건 아니타 로딕과 그녀의 남편 고든이 저렴한 천연 화장품 브랜드를 표방하며 설립한 신생 기업 더바디샵에서 일할 때였다.

대학을 졸업하고 얼마 지나지 않았던 때 아니타가 올해의 여성 기업인 상을 수상했다는 기사를 접했다. 상당한 자극을 받은 나는 곧장 조사에 들어가 더바디샵이 동물 실험 금지, 개발도상국 업체들과의 공정 무역 실시를 골자로 한 윤리적 의무를 준수한다는 사실을 알게 되었다. 더바디샵은 이렇게 차별화된 전략으로 고객층을 빠르게 확대해나갔고, 눈길을 사로잡는 그들의 획기적 스토리는 내게도 깊은 인상을 주었다.

나는 비즈니스 시장에서 급변하는 트렌드에 대응하는 게 얼마나 중요한지 깨달아가고 있었기 때문에 더바디샵이 내게 엄청난 배움의 기회를 제공하는 건 물론, 흥미로운 일터가 될 것임을 직감적으로 알 수 있었다.

하지만 구인 광고를 보고 지원할 다른 경쟁자들처럼 보이고 싶지 않았다. 나만의 특별한 전략이 필요했다. 당시 일자리 지원은 다 종이로 이루어졌기 때문에 나는 자기소개서에 언젠가 기업가가 되고 싶은 꿈을 위해 당신 밑에서 일하며 배우고 싶다고 적어 이력서와 함께 우편을 부쳤다.

그다음 주 토요일 아침 집에 있는데 아니타가 내게 직접 전화를 걸어와 월요일에 면접을 보러 올 수 있는지 물었다. 내 대답은 두말할 것 없이 "그럼요!"였다. 면접에서 아니타는 몇 가지 질문을 던지더니 "우리는 다양한 프로젝트를 진행해줄 사람이 필요해요. 언제부터 일할 수 있나요?"라고 물었다. 나는 바로 다음 날부터 출근했다.

그렇게 방대한 영역에 에너지를 발산함과 동시에 작은 것도 놓치지 않는 섬세함까지 갖춘 역량 있는 부부 곁에서 일하는 건 그 자체로 내게 신선한 자극이었다. 무엇보다 아니타의 비즈니스 역량은 놀랍기만 했다. 끊임없이 좋은 아이디어를 냈을 뿐 아니라 자신이 하는 일과 그 방식에 항상 열정을 쏟았기 때문이다. 그녀의 남편 고든 역시 뛰어난 경영 기술로 아니타를 든든하게 뒷받침해 그야말로 천하무적 팀을 완성했다.

나는 더바디샵의 성장을 뒷받침할 다양한 프로젝트의 관리를 맡았다. 그중 하나가 새로운 가맹점을 열어도 되는지, 그럴 경우 장단점은 뭔지 등 프랜차이즈 전략을 평가하는 것이었다.

동시에 매장에서 보조 점원으로 근무하며 밑바닥 경험을 쌓기도 했다. 당시 폐점 시간마다 하루 매상을 계산하는 모습을 지켜보는 건 그야말로 정신이 번쩍 드는 경험이었다. 계산대에 입력된 매출 내역과 그 안의 현금 액수가 일치하지 않을 경우 맞을 때까지 계산을 다시 해야 했다. 로딕 부부에게 대충이라는 건 결코 존재하지 않았다.

애버딘에서 플리머스에 이르는 영국 전역에 지사를 두고 기업을 운영하고 있는 지금 나는 더바디샵에서 일하는 동안 참 많이 배웠다는 걸 느낀다. 일각에서는 기업 경영인들이 뜬구름 잡는 소리만 한다는 불평도 터져 나오지만 내 경우 아버지와 로딕 부부의 훈련 덕분에 현실에 단단히 뿌리내릴 수 있었다. 또한 독창적이고 창의적인 방법으로 기업의 입지를 확립하고, 그 이미지를 일관되게 끌어나가는 방법도 배웠다. 생각해보면 로딕 부부는 뚜렷한 목표와 추진력으로 브랜드를 창출하는 데 30년이나 앞서 있었고 작게나마 거기에 동참할 수 있었던 나는 운이 참으로 좋았다.

학교에서 결코 가르쳐주지 않는 것들

옥스퍼드 대학과 하버드 경영대학원이라는 훌륭한 기관에서 양질의 교육을 받기는 했지만 나는 지난 수년간 함께 일해온 몇몇 사람들로부터 훨씬 많은 걸 배웠다고 믿는다. 어떤 교육과정도 사람들과 함께 일하는 법에 대해서는 가르쳐주지 않는다. 어떻게 관계 맺고, 어떻게 동기와 열정을 부여해 최선을 이끌어낼 수 있는지 말이다.

당신이 이끄는 게 축구팀이든 기업이든 아니면 동네 병원이든 당신이 하는 일에 대한 목표 의식을 공유하는 것이야말로 성공의 첫걸음이다. 따라서 우리는 모두 그 방법을 배워야 한다. 혹시 관리를 맡고 있는 게 문구용품 보관함에 지나지 않더라도 그 목표를 명확히 이해할 수 있어야 한다.

커리어가 끝나갈 때쯤이면 공부한 기간보다 일한 기간이 월등히 길어질 것이다. 대학에 다니려면 돈을 내야 하지만 뛰어난 인재들과 함께 일할 기회만 얻을 수 있다면 사실상 돈을 받으면서 배우는 것과 다름없다. 학창시절에는 배울 수 없지만 직장에서 습득할 수 있는 것들이 있다.

- 관련 업계에 대한 지식
- 고객과 소비자를 만족시키는 방법
- 전략적 사고
- 프레젠테이션 하는 법
- 공개석상에서 말하는 법
- 다양한 사람들과 관계를 맺고 유지하는 법
- 우선순위를 분배해 시간 관리하는 법

나는 석사나 박사학위 따는 걸 반대하기는커녕 오히려 적극 지지한다. 하지만 내 직원들 중 졸업장 없이도 월등한 업무 능력을 과시하는 이들을 보면 항상 신기하다.

내 고위 관리인 중 한 사람은 한 매장의 판매 보조원으로 7파운드의 시급을 받으며 일을 시작했다. 그녀는 곧 뛰어난 역량을 발휘했고 급기야 정규직 제안까지 받았다. 그녀는 자신이 어떻게 하면 좋을지 아버지에게 조언을 구하기로 마음먹었다.

"제안을 수락해야 할까요, 아니면 대학에 가야 할까요?"

아버지는 "회사에서 너를 대학 졸업자와 동등하게 대우해준다고 할 때에만 수락해라"고 말씀하셨고 현명하게도 그녀는 그 말씀에 따랐다.

결과적으로 7파운드였던 시급은 대학 졸업장도 없이 연봉 2만 8천 파운드로 치솟았다. 이후 그녀는 한 기술 기업에서 훌륭한 관리자를 만나 많은 걸 배울 수 있었고 스물아홉 살인 지금은 우리 회사에서 수십만 파운드의 연봉을 받으며 중요한 임무를 수행하고 있다.

훌륭한 롤모델 찾기

· · · · · · · · · · · · ·

어디서 일하든 훌륭한 리더십을 갖춘 사람이나 동기부여를 잘해주는 사람, 혹은 둘 다를 갖춘 사람과 함께 일할 수 있는 상황을 만들어야 한다. 같은 공기를 들이마시다 보면 그들로부터 정보를 습득할 수밖에 없다. 그리고 이를 위한 방법은 다양하다.

어느 일자리에 지원할지 정할 때 중요한 기준 중 하나는 무엇을 배울 수 있는가가 되어야 한다. 배움의 대상은 함께 일하는 사람이 될 수도, 혹은 일 자체가 될 수도 있다. 하지만 내 경험에 따르면 이렇게 생각하는 사람은 많지 않다. 예를 들어 회계사가 되고 싶다면 어느 기업에서 일하고 싶은지 뿐 아니라 그 기업의 누가 직속상관이 되면 좋겠는지도 생각해보는 것이다.

많은 걸 배울 수 있는 사람과 함께 일하는 것만큼 설레는 일도 없다. 내가 로딕 부부 밑에서 일하는 시간을 좋아했던 이유도 학교에서는 불가능한 일이었기 때문이다. 마찬가지로 뇌수술을 잘하고 싶다면 최고의 두뇌 전문 외과의와 함께 일하는 게 좋다. 구직 활동 전 사전조사를 충분히 하면 한결 만족스러운 직장을 구할 수 있을 뿐 아니라 지원한 역할에 대한 충분한 지식으로 면접에서 좋은 점수를 얻을 수 있다.

한편 면접을 볼 때에는 맞은편에 앉아 있는 사람이 당신에게 많은 영감을 줄 수 있는 사람인지 자문해보자. 만약 아니라면 이 일을 수락할 것인지 진지하게 고민해야 한다. 이 일에서 당신이 얻을 수 있는 게 돈이나 그럴 듯한 명함뿐이라면 다시 생각해야 한다. 당신은 이곳에 무엇을 투자할 수 있고, 이곳은 또 당신에게 무엇을 투자할 수 있는가? 당신의 임금은 주말에 몽땅 써버릴 수도 있지만 새롭게 배운 정보와 가치는 평생 써먹을 수 있는 자산이 된다.

이미 직장에 몸담고 있다면 당신이 원하는 바를 명확히 함으로써 돋보일 수 있다. 다시 한번 말하지만 현실에서 이런 사람은 생각보다 적으며, 배움과 성공을 향한 갈증을 표현할수록 눈에 띌 수밖에 없다. 어떤 방향으로 발전해나가고 싶고 또 승진하고 싶은지 당신의 목표를 직속상관에게 분명히 밝혀라. 그게 무엇이든 당신의 성장에 큰 밑거름이 될 것이다.

함께 일하는 사람들을 떠올릴 때마다 나는 직접 질문하거나 그들이 말해주기 전까지는 그들의 꿈과 희망이 뭔지 알 수 있는 방법이 없다는 사실을 깨닫는다. 만약 누군가 새로운 기술을 습득하고 싶은데 도와줄 수 있는지 물어오면 나는 기쁜 마음으로 응한다. 그들의 목표가 우리 회사의 목표와 일맥상통하기 때문이다. 사람들이 발전하길 원하는 건 그 개인만큼이나 조직에도 이로운 일이다.

새롭게 배울 만한 게 아무것도 없는 막다른 직장일 때에는 어떻게 해야 할까? 당연히 다른 직장을 구해야 한다. 자신의 배움은 스스로 책임져야 하기 때문이다. 혹은 작은 발걸음에 지나지 않을지언정 현재 직장에서 승진을 도모하는 것도 좋다. 이런 방법이 극단적으로 느껴진다면 다른 대안도 있다. 자신의 역량이 충분히 발휘되지 못하는 듯 느껴질 경우 더 많은 책임을 맡겠다고 나서거나 개인 시간을 쪼개 훈련 코스를 밟는 것도 방법이다. 멘토로서 당신을 이끌어주거나 당신이 그림자처럼 쫓아다니며 배울 만한 사람이 있는가? 당신이 먼저 손을 내민다면 아마 대부분 잡아줄 것이다(혹시 지금은 거절하더라도 언젠가는 잡아줄 확률이 높다). 이제 당신은 그들의 레이더망에 각인되었다.

이는 양방향으로 진행될 수 있다. 만약 현재 누군가를 도울 수 있는 지위에 있다면 당신의 경험을 공유할 방법을 고민해보자. 배움이

란 결국 사회적으로 축적되는 과정이다. 각 세대의 지도자 및 전문가들도 처음부터 지금의 위치에 있었던 것이 아니며 자신을 갈고닦아 그 자리에 이르렀다.

내 회사에서 장기 무직자들의 취업을 돕기 위한 프로그램을 시작했을 때 BBC 라디오 프로그램에 초대받아 출연한 적이 있었다. 진행자는 그들이 일할 만한 데는 어디에도 없을 텐데 괜한 시간 낭비만 하는 게 아니냐고 비아냥댔다. 하지만 정작 우리는 프로그램에 착수한 지 2주 만에 해당 분야의 일자리를 1000여 군데 넘게 발견한 상태였다. 이는 지역 고용주들에게 간단한 질문을 던짐으로써 가능해진 일이다. "당신의 커리어를 돌아보면 당신에게 기회를 선사한 사람이 분명 존재할 겁니다. 당신도 누군가에게 그런 사람이 되고 싶지 않나요?" 오래전 친절하게도 내게 그 역할을 해준 사람은 로덕 부부였다.

마지막으로 당신이 배운 것들을 기록해두기를 추천한다. 리처드 브랜슨은 항상 노트를 갖고 다니며 자신의 아이디어와 깨달음들을 빠짐없이 적는 것으로 유명했다. 고향인 네커 섬에 화재가 났을 때에도 그 노트가 모두 소실됐다는 사실에 가장 크게 상심했을 정도다. 설사 노트를 두 번 다시 들여다보지 않더라도 일단 기록해두면 머릿속에서 생각만 하는 것보다 훨씬 효과적으로 기억할 수 있다. 당신의 마음속에 새겨져서 매일의 행동에 영향을 미치고, 결과적으로 커리어 전반의 궤도를 그려나가는 데 지침으로 작용할 것이다.

SUMMARY

- 당신이 현재 커리어를 시작하는 단계든 아니든 지속적으로 배우고 발전해나가는 건 성공은 물론 자기만족을 위해서도 중요하다.
- 모든 일자리에는 배움의 기회가 존재한다.
- 교육이 중요하기는 하지만 사회생활에서 알아야 하는 모든 것을 가르쳐줄 수는 없다.
- 학교는 돈을 내고 배우는 곳이지만 직장은 돈을 받으며 배우는 곳이다.
- 특정 일자리에 지원할 때에는 거기에서 무엇을 배울 수 있는지부터 고려하라.

| 생각해봅시다 |

- 당신에게 일할 기회를 처음으로 선사한 사람은 누구인가? 당신도 다른 사람에게 그렇게 할 수 있는가?
- 당신이 많은 걸 배울 수 있는 사람이 주변에 있는가? 반대로 당신이 대가성 도움을 제시할 만한 사람도 존재하는가?

12장

뒷정리를
말끔히 하라

POOH'S STICK GAME

이제 다시 원점으로 돌아왔다. 직업은 당신이 깨어 있는 시간을 누구와 어디서 어떻게 보낼지 결정한다. 어떤 일을 하느냐에 따라 매일 성취감과 에너지로 넘쳐날 수도 있고, 우울한 기분으로 집에 돌아와서 불평만 늘어놓게 될 수도 있다. 뤼드의 목표는 '일을 통한 삶의 개선'이요 브랜드 메시지는 '월요일을 사랑하라'다. 우리는 모두에게 딱 맞는 직업이 있다고 믿고 있다. 단지 그것을 찾느냐 못 찾느냐의 문제일 뿐이다.

슬프게도 적지 않은 이들이 월요일이라면 한숨부터 내쉬는데 이 사실이 나를 안타깝게 만든다. 매일 아침 눈을 떠서 맞이하는 하루가 지루하거나 절망적일 걸로밖에 예상되지 않는다면 이보다 더 끔찍한 일이 어디 있겠는가. 그래서 바꿔야 한다. 우리 모두 비슷한 경험을 갖고 있고 커리어를 쌓아가는 내내 더없이 행복하기만 한 사람은 아무도 없을 것이다.

내 아버지 역시 스물세 살까지는 실패의 연속이었다고 한다. 아버지의 선택은 간단했다. 새로운 일을 시작한 것이다. 일에서 행복을 느끼지 못하면 당신도 바꿔야 한다. 물론 회사의 누군가가 당신의 삶을 끔찍하게 만들기 때문일 수도 있고 단순히 전환점이 필요하기 때문일 수도 있다. 그런데 정작 이 같은 원인은 제쳐둔 채 잘되기만 바라고 있어서는 안 된다. 반드시 원인을 해결할 수 있는 조치를 취해야 한다.

스스로 하는 일을 좋아하는 것도 커리어를 성공으로 이끌기 위한 기본 요소다. 출근할 때 발걸음이 가벼워야 더 큰 역량을 발휘할 수 있고 당신이 일에 쏟는 에너지는 회사를 통해 다시 당신에게 돌아오게 돼 있다. 또한 자신의 일을 즐기면 삶을 공유하는 친구와 배우자를 한층 더 적극적으로 지지해줄 수 있는데 퇴근 이후에도 그들에게 줄 만한 에너지가 남아 있기 때문이다. 결과적으로 직업을 바꾸면 삶이 달라질 수 있다.

지키거나 박차고 나오거나

직업을 바꾸면 모든 게 달라지기 때문에 나는 커리어를 어떻게 끌고 나가는 게 좋을지 틈나는 대로 조사한다. 그런데 여름휴가 일정을 짜거나 새로운 소파를 살 때의 노력만큼도 들이지 않는 사람들을 볼 때마다 깜짝 놀라고 만다. 어떤 일을 선택하느냐에 따라 인생의 질이 달라지기 때문에 일하는 시간을 어떻게 보내는지 또한 상당히 중요하다.

가장 먼저 할 일은 애초에 새로운 일을 원하는 이유가 뭔지 분명하게 아는 것이다. 현재 당신이 처한 상황의 문제점이 무엇인가? 일의 특성 자체가 당신을 우울하게 만드는가, 아니면 보고하는 상사나 동료, 혹은 조직문화가 원인인가? 그것도 아니면 단지 당신이 좌절해서 새로운 도전이 필요한 것인가? 어쩌면 아직 그렇게까지 불행한건 아니지만 실제로 그렇게 되기 전에 커리어를 발전시킬 필요성을 느꼈을 수도 있다(어느 경우든 적극적인 태도를 갖게 된 걸 축하한다).

이 단계를 이해하고 넘어가야 다음 단계도 제대로 해결할 수 있다. 일례로 만약 현재 속한 회사는 좋은데 다른 역할을 맡고 싶은 거라면 사내 이동도 만족스런 해결책이 될 수 있다. 하지만 전혀 다른 분야로 옮기고 싶거나 당신을 들들 볶는 상사로부터 도망치고 싶다면 새로운 직장을 알아봐야 할 것이다. 연봉 인상을 원한다고 해도 이직이 유일한 답이다. 임금은 너무 오랫동안 고정돼 있었기 때문에 기존 회사에서 관리자와의 협상을 통해서는 대폭 인상을 기대할 수 없다. 하지만 새로운 인재를 끌어올 수 있다면 고액을 제시할 만한 기업이 얼마든지 많다.

다시 말해 이직의 동기는 수도 없이 많고 당신의 동기가 무엇이든 이직은 인생의 중대한 결정 사항이다. 인생은 딱 한 번이요 일하는 삶도 마찬가지인 만큼 좋아할 수 있는 일을 갖는 게 중요하다. 게다가 세상에는 모든 이를 위한 일자리가 존재한다. 구직이 아예 불가능한 사람은 아무도 없다. 누군가는 이 말이 세상 모르는 순진한 발언이라고 할 테지만 25년간 고용업계에서 일해온 내 경험에 비춰 볼 때 그게 엄연한 현실이다.

뤼드에서는 장기 무직자들의 취업을 돕기 위한 노력을 22년째 쏟아오고 있다. 일례로 안소니라는 한 남성은 우리 회사를 통해 15년간의 백수 생활을 청산하고 경비원으로 취업에 성공했다. 이후 정부가 주최한 대규모 회의에서 발언하기를 자청해 오랫동안 취업이 안 돼 사기와 자존감이 완전히 바닥을 쳤던 경험, 하지만 경비 회사에 입사하면서 인생이 달라지고 최근 몇 년 만에 자녀들에게 크리스마스 선물을 사준 일까지 공유했다. 그는 회의장을 눈물바다로 만들었고 기립박수까지 받았다.

나는 데이브라는 남성도 만났다. 그는 무장 강도를 포함한 다양한 범죄 행위로 무려 20년간 수감생활을 해오다가 석방된 후 우리 회사의 취업 프로그램 중 하나에 등록하면서 철도 회사의 심야 수리 작업팀으로 들어갔다. 내가 그에게 밤에 일하는 게 힘들지 않은지 묻자 그는 바보 아니냐는 듯 나를 바라보며 이렇게 말했다. "저는 항상 밤에 일했어요!" 그러고는 사뭇 진지하게 얼마 전 한 범죄 조직의 도주 운전자 제안을 받았다며 철도 수리공으로 일을 시작하지 않았다면 아마 그 일을 받아들였을 거라고 털어놨다. "이 일은 내 인생을 바꿔놨어요. 이제 누가 제 집 문을 두드려도 경찰이 날 다시 교도소로 데려가려고 왔을까 봐 겁먹지 않아도 되거든요."

이들은 꽤나 극단적인 사연이라 할 수 있는 만큼 당신의 상황은 이 정도는 아닐 거라고 생각한다(부디 아니길 바란다). 하지만 현재 무직이든 이미 일을 하는 중이든 중요한 건 자신이 원하는 게 뭔지 알아내고 이루기 위해 노력하는 것이다. 다음으로는 구인 광고를 뒤지거나 인맥을 활용하는 방법으로 기회를 발굴해야 한다. 이때는 당신의 앞날을 유연한 시각으로 바라보는 게 중요한데 당신이 염두에 둔 일자리에 공석이 없을 수 있기 때문이다. 그리고 설사 그렇다고 해도 문제없다. 야망이란 오랫동안 가슴에 품고 있으면 끝내 결실을 맺는 습성이 있기 때문이다. 이번에 구하는 일자리는 당신의 꿈을 이루는 토대가 될 수 있다.

필요하다면 다른 지역으로 이사하는 걸 고려해도 좋다. 비용 때문에 혹은 본거지를 떠나기 싫은 마음에 이를 꺼리는 이들이 많은 게 사실이지만 만약 당신이 20대고 아직 가정을 꾸리지 않았다면 삶을 변화시키는 기회가 될 수 있다.

내 가장 친한 친구 중 한 명은 서른 살에 미국으로 이주해 그곳에서 결혼도 하고 가정도 꾸렸다. 덕분에 엄청난 커리어 성장을 이끌 수 있었는데 모두 변화를 두려워하지 않았기 때문에 일어난 일이다. 또 한 번 일어난 변화가 영원히 지속된다는 법도 없다. 최근 내 비서는 미들즈브러에서 요크셔를 통해 런던으로 이주했는데 나중에 가족이 있는 미들즈브러로 다시 돌아가더라도 나는 별로 놀라지 않을 것이다. 런던에서 지내는 동안 값진 경험을 쌓았을 게 분명하기 때문이다.

직장을 옮기는 게 자기 발전을 위한 좋은 방법이기는 하지만 한 직장에 오래 다니는 것도 마찬가지다. 가령 당신이 한 회계 기업에 인턴으로 입사했다 몇 년 후 정직원으로 채용됐다고 상상해보자. 이 일이 그 기업 내 당신의 가치에 대해 의미하는 바는 무엇인가? 지난 수년간 당신이 훌륭한 문제 해결 능력을 보여주어 회사의 소중한 인재로 자리 잡았으며 더불어 좋은 평판까지 얻게 됐다는 뜻이다. 만약 지금의 일을 사랑하지만 더 잘하고 싶은 욕심이 있다면 현재 직장에서 박식하고 능동적인 인재라는 이미지를 구축하는 게 좋다.

퇴사의 기술

일을 그만둔다는 건 간단한 듯 보인다. 상사에게 가서 사직서를 건네며 그만두겠다고 말하면 되니 말이다. 현실적으로 보면 그게 정답이지만 커리어를 장기적 관점에서 생각하면 그걸로 그쳐서는 안 된다.

몸담았던 조직을 떠나면 그곳엔 '당신'이라는 모양의 빈자리가 생기기 마련이다. 이 빈자리는 이내 당신에 대한 동료들의 기억과 이미지로 채워질 것이다. 당신이 떠난 후 그들은 당신에 대해 어떻게 이야기할까? 당신은 과연 어떤 이미지를 심어놓았을까? 새 직장으로 옮길 때 좋은 평판이 전해지는 게 유리한 만큼 이는 중요한 문제다. 이전 직장에서 좋지 않았던 평판이 새 직장에 그대로 전달됐다가 시간이 흐르면서 걸러져 설사 사람들의 태도가 달라진다 해도 별로 달가운 일은 아니다.

만약 그만두는 이유가 상사 때문이라면 충분히 이해는 가지만 굳이 문제 삼을 필요는 없다. 동료들과도 마찬가지다. 세상은 좁고 소문은 빠르기 때문에 괜히 험악하게 회사를 나왔다 발등 찍히는 수가 있다. 이때 결국 손해 보는 건 당신인 것이다. 반면 상사에게 "덕분에 여기서 좋은 커리어를 쌓을 수 있었지만 이제 새로운 일을 해보고 싶습니다"라고 말하며 기분 좋게 작별을 고하면 그들도 분명 존중해줄 것이다.

회사를 어떻게 떠날지 또한 업무 처리의 일환으로 봐야 한다. 예의와 진실성을 갖추고 전문성 있게 수행해야 하는 것이다. 만약 당신이 하나의 기업이었다면 자산과 부채가 기록된 대차대조표가 존재할 테고 그것을 개인으로 환산하면 당신이 누구인가의 총합, 즉 순수 가치가 된다. 여기서 긍정적 요소(당신의 아이디어, 기여와 도움)가 많을수록 당신의 평판도 공고해질 테고 결과적으로 당신은 지난 수년간 타성에 젖어 움직이거나 최소한의 일만 해온 사람들보다 훨씬 가치 있는 인재가 될 수 있다.

사람들 중에는 한 번 떠났던 직장으로 다시 돌아가는 이들도 있다. 우리 회사도 마찬가지다. 아마 자신에게 좋은 기회가 생겼기 때문일 수도 있고 피하고 싶던 사람이 나갔기 때문일 수도 있다. 당신의 입장에서는 그 회사가 이전 직원들의 행적을 계속 추적하는 만큼 평판 관리가 중요하다는 사실을 알고 있는 게 유리할 수 있다. 또한 새 고용주가 당신의 이전 상사에게 이 사람을 재고용할 의사가 있는지 묻는 경우도 적지 않다. 만약 당신이 현재 직장을 떠났다 언제고 다시 돌아올 계획이라면 그때 열렬한 환영을 받을 수 있다고 생각하는가? 이는 중요한 문제다.

동료들과의 관계 또한 새로운 직장에 가져갈 수 있는 당신의 또 다른 자산이다. 동료는 지원자, 고문, 고객, 혹은 우호적 평가자 등 다양한 역할을 통해 당신에게 도움을 줄 수 있다. 마지막까지 좋은 관계를 유지해야 돌아갔을 때 (혹은 거리에서 우연히 마주쳤을 때) 한결 수월하다는 건 더 말할 필요도 없다. 일하면서 만난 사람들과 하나같이 좋은 관계를 유지하고 있는 이들을 보면 감탄이 절로 나온다.

이런 얘기가 너무나 당연하게 들릴 수도 있겠지만 직장에 아름다운 작별을 고하지 못하는 이들이 너무나 많다.

얼마 전 내 회사에서 일하던 직원 한 명이 직접 고용업체를 설립하기 위해 사직을 했다. 좋은 일이고 잘되기를 빌었지만 그가 유리한 입지를 점하기 위해 우리 회사의 데이터를 훔쳐 갔다는 사실을 발견했을 때 나는 법적인 대처를 선택할 수밖에 없었다. 그리고 그는 결국 새로운 사업을 접어야만 했다. 이 얼마나 불필요한 일인가. 이제 그는 그렇게 파렴치한 짓을 했다는 소문이 다 퍼져 두 번 다시 고용업계에 발을 들일 수 없게 됐다. 이처럼 어딘가를 쑥대밭으로 만들어놓고 떠나면 평생 그 꼬리표를 달고 다닐 각오를 해야 한다.

잘 떠나는 건 이토록 중요한 일이지만 새 직장에 간다는 설렘에 사로잡혀 잊기 쉽다. 당신의 상사와 동료들이 베푼 은혜에 감사하고 괜한 문제를 일으키지 마라. 결국엔 대가를 치르게 돼 있다.

고용의 고정관념을 깨면

얼마 전 우리는 공인인력개발연구소Chartered Institute of Personnel and Development에서 의뢰한 조사를 실시해 그들의 정기 회의에서 결과를 발표했다. 주제는 임시직이 정규직만큼 행복한가 아닌가로, 이를 위해 두 부류의 사람들을 모두 조사했는데 흥미롭게도 임시직이 정규직보다 행복한 것으로 나타났다. 그 이유가 명확히 밝혀지지는 않았지만 임시직이 자신의 의지대로 좀 더 유연하게 시간을 쓸 수 있기 때문이 아닌가 싶다. 만약 당신이 프리랜서라면 다음 주 목요일에 쉬겠다는 것 정도는 스스로 결정할 수 있다. 다음번을 기약할 수 있는 것이다. 반면 정규직인 경우 상사에게 허락을 구해야 하고 팀원들에게도 폐를 끼치는 일이 없도록 해야 한다. 이 같은 조사 결과에 대해 얘기했을 때 많은 이들이 깜짝 놀라고 심지어 믿지 못하기까지 했다(결국 우리가 한 조사도 일시적이기는 마찬가지다). 그들 중 일부는

가서 직접 조사를 실시하기도 했는데 의미심장하게도 결과는 똑같았다.

내가 이 얘기를 하는 이유는 임시직이 불안정하거나 만족스러울 수 없는 만큼 피하는 게 최선이라는 인식을 종종 맞닥뜨리기 때문이다. 현실적으로 영원한 직업이란 존재하지 않는다.

행정, 운전, 보건, 제약, 소매, 교육, 기술 등 거의 모든 분야에 임시직이 존재한다. 퇴직 경관 중 원하는 시간에 일하고자 하는 인력을 임시로 경찰 병력에 공급하기도 한다. 단시간 일하는 직업을 여럿 가지고 시간을 유연하게 운용하는 것도 좋은 근무 방식이다.

지나친 업무 스트레스는 자신의 상황을 통제하지 못하는 데서 생긴다. 만약 정규직으로 근무하는 현재 직장에선 덫에 걸린 듯 숨 막히지만 그렇다고 또 다른 정규직으로 옮기기는 부담스럽다면 임시직이 정답이 될 수 있다. 전혀 다른 환경에서 일하며 경험을 쌓으면 자신이 무엇을 좋아하고 좋아하지 않는지 배울 수 있을 뿐더러 유연성도 기를 수 있다. 심지어 임시직으로 근무하는 기업에서 당신이 마음에 든다면 정규직으로 고용할 수도 있다. 물론 당신도 그 기업이 좋다는 전제하에 말이다.

지금쯤 현재 직장을 나와 변화를 맞이하는 데 대한 두려움이 좀 줄었길 빈다. 당신에게 주어진 선택은 무궁무진하기 때문이다. 임시직이든 정규직이든 어떤 직업도 영원하지 않은 만큼 다양한 선택지를 많이 알수록 좋다.

우선 일, 다음엔 더 나은 일, 마지막으로 커리어

• • • • • • • • • • • • •

장기 무직자들의 구직에 유용한 조언으로 가득한 데브라 앤젤의 저서 『누구나 고용될 수 있다_{No one is unemploy able}』라는 책을 읽은 적이 있다. 그녀는 소위 '일이 먼저다'의 태도로 접근했다. 그녀에 따르면 많은 이들이 일자리를 구하지 못하는 이유는 기술이 없어서가 아니라 마음가짐이 따라주지 않기 때문이다. 즉 의욕이라고는 찾아볼 수 없는 태도가 노동 시장에서 제외되도록 만드는 것이다. 내가 좋아하는 그녀의 구호는 "우선 일, 다음엔 더 나은 일, 마지막으로 커리어"다. 이는 현재 고용 상태와 상관없이 누구에게나 적용된다. 일단 일을 시작한 뒤 승진이나 이직을 통해 더 좋은 일을 맡으면 당신도 모르는 새 커리어를 쌓을 수 있다.

일은 해결해야 하는 문제가 생기는 것이요 커리어는 특정 분야의 해결사가 되는 것이다. 이게 무슨 뜻인가? 누군가 일자리 제안을 받는 이유는 일손을 필요로 하는 사람이 있기 때문이다. 그리고 그 일이란 신체 노동(상자가 스스로 접히지는 못한다)일 수도, 지식 노동(IT 소프트웨어가 스스로 오류를 해결하지는 못한다)일 수도 있지만 양쪽 다 해결책을 찾기란 어렵다. 만약 당신이 문제를 해결하는 데 탁월하다는 사실을 입증하면 다음 단계뿐 아니라 그다음 단계로도 넘어갈 수 있다. 전문 분야나 특정 능력에 관련된 일련의 문제들을 모두 해결하면 자신이 보물이라는 사실을 상사와 동료들에게 입증할 수 있는 이력을 구축하는 셈이다.

우리는 모두 일에서 비롯되는 어려운 문제들을 해결할 아이디어와 혁신 방안을 내놓으라는 압박에 시달린다. 그리고 그럴 의지와 능력을 갖춘 사람들은 몇 명 되지 않는 만큼 눈에 띄기 마련이다. 이런 이들이야말로 온갖 조직의 최고위층을 점령하게 되는데 그 이유 중 하나는 자신들이 아직 모르는 게 많다고 생각하기 때문이다. 그들에게는 항상 성장을 갈구하는 마음가짐이 있다.

사람들은 모두 스스로 행복해지는 커리어를 가질 자격이 있다. 하지만 그게 바란다고 저절로 이루어지는 건 아니다. 우리는 이따금 계획은 기막히게 세우지만 끝까지 실천하지 않아 죄책감을 느낄 때가 있는데 그게 습관이 돼서는 안 된다. 그렇다고 지금 당장 모든 계획을 달성해야 한다는 압박감에 시달릴 필요도 없다. "우선 일, 다음엔 더 나은 일, 마지막으로 커리어"라고 구호를 정한 데에는 다 이유가 있다. 이 책에서 제시한 영감과 조언을 받아들이고 실천에 옮기는 건 물론, 이를 기반으로 더 만족스러운 직업을 구할 수 있다면 미처 인식하지 못하는 새 당신의 커리어를 온전히 책임지게 될 것이다.

지금은 당신의 커리어를 쌓는 여정에 뛰어들 때다. 최선을 다해 이 시기를 즐기면 언젠가 뒤돌아보며 당신의 다양한 경험과 성취를 만끽할 날이 올 것이다. 그때 과연 무엇이 보일까? 바로 인생 직업이다.

SUMMARY

- 당신이 하는 일을 좋아하는 건 행복한 삶의 핵심 요소다.

- 당신이 하는 일을 좋아하지 않는다면 반드시 다른 일을 찾아야 한다.

- 일을 그만둘 때에는 품위와 전문성 있는 태도로 대처해 좋은 평판을 구축해야 한다.

- 임시직은 단기는 물론 장기적으로도 훌륭한 선택이 될 수 있다.

- 일은 해결해야 하는 문제인 만큼 당신이 특정 문제를 해결하는 데 탁월해진다면 성공 적 커리어의 토대는 갖추는 셈이다.

| 생각해봅시다 |

- 임시직이 정규직과는 정반대 속성을 갖는다고 보는가?

- 일을 그만둘 계획이라면 현재 당신의 상사가 나중에 당신을 재고용할 의사가 있다고 보는가?

빠른 물살에 올라타
성공적인 커리어를 완성하는 60가지 황금 조언

이 책의 도입부에서 나는 성공적 커리어를 꾸리는 데 도움이 될 60개의 황금 조언을 알려주겠다고 약속했다. 각 장 마지막 부분에 제시한 다섯 가지 조언을 여기에 다시 소개한다. 이들은 내가 정규 교육 과정에서 배운 게 아니라 실생활에서 깨달은 것들로 커리어를 쌓아가는 당신의 여정에도 힘이 되길 바란다.

거울을 보라

- 당신의 커리어를 계획할 때 자아 성찰은 결코 빠트릴 수 없는 첫 번째 절차다. 자신에 대해 분명히 파악하고 있을 때에만 올바른 결정을 내릴 수 있기 때문이다.
- 첫째, 거울을 들여다보면서 자신에 대해 정확히 인지하는 법을 터득하라.
- 둘째, 당신이 좋아하는 것과 싫어하는 것을 파악하라. 당신의 발전에 강력한 원동력이 될 것이다.
- 셋째, 당신이 소중히 여기는 가치를 파악하라. 일에서 만족감을 누릴 수 있다.

- 넷째, 당신의 목표를 설정하라. 목표는 올바른 방향으로 나아갈 수 있는 필수 요소다.

파티에 가라

- 당신의 삶을 바꿔놓을 사람을 언제 어디서 만날지 알 수 없는 만큼 가능한 한 많은 사람들을 만나는 게 중요하다.
- 파티에 가면 당신의 삶과 커리어를 풍요롭게 해줄 기회를 얻을 수 있다.
- 어떤 모임에 참여할지 모르겠다면 당신의 관심사와 관련된 이벤트를 찾거나, 인터넷 검색을 하거나, 직장에서 쌓은 인맥을 활용하거나, 자원봉사를 하는 등의 방법을 활용하라.
- 외출할 기분이 아니더라도 일단 집을 나서라.
- 파티에서 대화를 시작할 수 있는 방법은 여러 가지이며 몇 마디 미리 준비하면 한결 쉬울 것이다.

푸스틱 게임을 기억하라

- 빠르게 성장하는 산업이나 분야에 속해 있다면 당신의 커리어는 하락세인 산업에 있을 때보다 더 적은 노력으로 더 빨리 성장할 수 있다.
- 이미 내리막길에 들어선 분야라고 해도 맡은 직책이 상승세라면 마찬가지다.

- 당신의 재능과 기술을 빠르게 성장하는 산업에 적용하는 방법은 언제나 존재한다.
- 급성장을 앞둔 분야나 일자리를 찾는 건 쉽지 않다. 만약 쉬웠다면 모두가 거기에 매달렸을 것이다. 당신의 눈과 귀를 항상 사람들에게 열어두라.
- 성장세는 아닐지언정 항상 수요가 높은 분야도 존재한다.

나를 최우선에 두어라

- 지속가능한 자기중심적 생활이란 당신이 좋아하는 일을 함으로써 당신과 당신의 직장 모두 이득을 보는 걸 뜻한다.
- 직장에서 지속가능한 자기중심적 생활을 하지 못하면 지칠 확률이 높다.
- 돈이 중요한 건 맞지만 사람들이 일하는 첫 번째 이유라고 할 수는 없다. 일은 즐거움도 줘야 하기 때문이다.
- 일을 지속할 수 있으려면 좋은 직업의 아홉 가지 요건이 충족돼야 한다. 좋아하는 일이어야 하고, 좋은 동료가 있어야 하며, 새로운 시도를 할 기회가 있어야 하고, 자신이 영향을 미칠 수 있어야 한다. 의미 있는 일이어야 하고 재미있어야 하며, 직장이 집과 가까워야 하고, 자기 본연의 모습 그대로 일할 수 있어야 한다. 마지막으로 자신과 맞는 기업 문화를 찾아야 한다.
- 지속가능한 자기중심적 생활을 구축하려면 자기 자신에 대해

잘 알고 좋은 일자리에 대해 사람들과 수시로 이야기 나누며 체력을 관리해야 한다. 자신의 시간과 반응도 건강하게 관리해야 한다.

습관을 재정비하라

- 습관은 강력하다. 매일같이 우리의 생각과 행동을 지배하기 때문이다.
- 좋은 습관은 에너지를 불어넣고 긍정적 태도를 심어주지만 나쁜 습관은 생기를 빼앗고 커리어 도약의 기회를 박탈한다.
- 좋은 습관으로는 유쾌한 태도, 주기적 자기 점검, 일찍 일어나기, 건강관리, 일을 뒤로 미루지 않기, 항상 열린 마음으로 감사하기를 들 수 있다.
- 나쁜 습관으로는 항상 불평하기, 뭔가에 중독되기, 운동 안 하기를 들 수 있다.
- 습관을 바꾸기 위해서는 3단계 절차를 밟아야 한다. 고치고 싶은 습관을 찾아내고, 그 습관에서 얻는 보상이 무엇인지 밝혀낸 뒤 대신 갖고 싶은 습관으로 대체하는 것이다.

야망을 품어라

- 목표는 당신의 인생을 만든다. 따라서 긍정적 목표를 갖는 게 중요하다.

- 직접 목표를 설정할 때에는 다소 어려운 걸로 선택하라. 생각보다 훨씬 많이 성취할 수 있을 것이다.
- 목표를 선택하기 위해서는 당신의 가치관, 열정과 목적의식부터 고민하라.
- 이후 궁극적으로 도달하고 싶은 곳을 머릿속에 그려보고 그곳까지 오르기 위한 절차를 구축하라.
- 당신이 원했던 목표를 달성하고 나면 곧 다음 여정에 나서라!

오늘과 10년 후를 동시에 상상하라

- 오늘 하루, 그리고 10년 안에 이루고 싶은 일에 몰두하는 것이 커리어를 성공으로 이끌 수 있는 열쇠다.
- 18~30세에는 다양한 일들을 시도하고 여행하며 배우는 데 집중해야 한다.
- 30~50세에는 그동안 쌓아온 경험을 최대한 활용해 다음 단계로 넘어가는 데 집중해야 한다.
- 50~70세에는 당신은 어떤 유산을 남길지 계획하는 한편, 마지막 남은 기회를 활용해 자신의 잠재력을 최대한 발휘하는 데 집중해야 한다.
- 지금 이 순간을 살아가는 게 미래를 계획하는 것만큼이나 중요하다.

30분 전에 약속 장소에 도착하라

- 미리 준비하면 힘이 생긴다. 우호적 상황은 더 유리하게 활용할 수 있고 나쁜 상황은 만회할 수 있기 때문이다.
- 제대로 준비하는 게 중요한 대표적 상황으로는 면접, 프레젠테이션, 회의 등이 있다.
- 면접이 예정돼 있을 때에는 사전에 그 기업에 대해 조사하고 질문에 어떻게 답할지 계획을 세워라.
- 프레젠테이션 할 때 청중을 사로잡으려면 당신의 메시지를 어떻게 전달할지 미리 연습하는 게 필수다.
- 누군가에게 자신을 처음 소개하거나 중요한 회의가 있을 때에는 상대방에 대해 제대로 파악하고 자신의 목표를 명확히 밝혀야 한다. 이때 상대로 하여금 믿을 만한 사람이라는 인식을 심어줄 수 있다.

자신만의 노동원칙을 세워라

- 바람직한 노동관을 가진 것과 열심히 일하는 건 (두 개가 합쳐질 순 있지만) 엄연히 다르다. 바람직한 노동관을 위해서는 자신이 하는 일에 몰두하고 헌신하는 게 중요하다.
- 바람직한 노동관을 가진 이는 조직에 기여하고, 새로운 아이디어를 제시하며, 자기발전을 게을리하지 않고, 동료들에 호의적이다.

- 장시간 근로로 인해 지칠 대로 지쳤다면 문제지만, 당신이 그 일을 사랑하는 만큼 보람을 느낀다면 더 오래 일하는 것은 아무런 문제가 되지 않는다.
- 당신의 상사에게 당신이 일군 성과를 반드시 알려라.
- 실수는 항상 일어나기 마련이지만 중요한 건 어떻게 대처하느냐다.

도움을 청하라

- 우리는 뭐든 할 수 있다고 생각하기를 좋아해서 남에게 도움을 요청하지 않는 경향이 있다.
- 도와달라는 요청을 받은 이들은 오히려 뿌듯함을 느끼고 도움을 요청할 줄 아는 사람을 높이 평가한다.
- 도움을 요청하면 당신의 선입견을 바로잡아줄 객관적 조언을 들을 수 있고 유용한 정보도 얻을 수 있다.
- 누구에게든 도움을 청하기 전에 직접 할 수 있는 일은 최대한 처리해서 상대방이 비교적 수월하게 대처할 수 있도록 하라.
- 도움을 요청하는 것만큼 제공하는 것도 중요하다. 세상은 그렇게 돌아간다.

직장상사를 첫 번째 멘토로 삼아라

- 당신이 현재 커리어를 시작하는 단계든 아니든, 지속적으로 배

우고 발전해나가는 건 성공은 물론 자기만족을 위해서도 중요하다.

- 모든 일자리에는 배움의 기회가 존재한다.
- 교육이 중요하기는 하지만 사회생활에서 알아야 하는 모든 것을 가르쳐줄 수는 없다.
- 일하면서 배운다는 건 직장에서 돈을 받으며 배운다는 것을 의미한다.
- 특정 일자리에 지원할 때에는 거기에서 무엇을 배울 수 있는지부터 고려하라.

뒷정리를 말끔히 하라

- 당신이 하는 일을 좋아하는 건 행복한 삶의 핵심 요소다.
- 당신이 하는 일을 좋아하지 않는다면 반드시 다른 일을 찾아야 한다.
- 일을 그만둘 때에는 품위와 전문성 있는 태도로 대처해 좋은 평판을 구축해야 한다.
- 임시직은 단기는 물론 장기적으로도 훌륭한 선택이 될 수 있다.
- 일은 해결해야 하는 문제인 만큼 당신이 특정 문제를 해결하는 데 탁월해진다면 성공적 커리어의 토대는 갖추는 셈이다.

· 감사의 말 ·

이 책 『푸스틱 게임』은 내가 벌써 수년째 학생 및 청년들을 대상으로 하고 있는 '당신의 커리어에 날개를 다는 법'이라는 제목의 강연에서 시작되었다. 거기서 나온 아이디어들이 시간이 흐르면서 발전해 당당히 세상에 나올 수 있게 되었다. 따라서 이 책은 50년 넘게 살아오고 또 일하면서 수도 없이 질문하고 대화하며 관찰한 결과물이다. 나는 그 사실을 겸허히 받아들이고 지금까지 그 여정에 참여해온 모든 이들에게 감사한 마음을 표하고 싶다.

특히 나의 두 번째 가족이자 매일같이 새로운 걸 배울 수 있게 해주는 뤼드의 동료들에게 감사하고 싶다. 출판사 리틀, 브라운, 그중에서도 편집자 톰 애스커에게 고맙다. 이 프로젝트에 대한 그의 열정, 거기서 비롯된 다양한 아이디어와 제안들 덕분에 나는 마감 당일까지 집필 작업에 박차를 가할 수 있었다. 나와 긴밀하게 협력하며 이 아이디어들을 종이로 옮겨준 팀, 지니 카터, 로라 홀든, 몰리 미첼과 이모젠 버지스에게도 감사의 말을 전한다. 사려 깊은 통찰력으로 언제나 날 격려해주고 도와준 내 에이전트 로버트 스미스도 빼

놓을 수 없는 소중한 인연이다.

내 원고의 최초 독자이자 비평가인 멜라니 마틴, 캐롤린 슬래튼 라르손과 제프 스코트에게도 고맙다. 덕분에 책의 질이 달라졌다. 우리가 지금 이 자리에 있는 이유에 대한 자신만의 신념을 공유해준 플라덴 페트레스키, 그리고 자신의 커리어 여정과 당시 깨달은 교훈을 공유해준 니나 바티아, 헤더 멜빌과 애니타 모티메르에게도 감사하고 싶다.

커리어 초기, 나는 운 좋게도 끊임없는 자극을 주는 데다 인내심까지 갖춘 상관을 만날 수 있었다. 더바디샵의 아니타와 고든 로디, 사치 앤드 사치의 제니 소프와 피터 세터링턴, 아프간에이드의 줄리엣 베르고스와 재키 레이, BBC의 브라이언 데이비스와 데이빗 도슨이 떠오른다. 더는 이 세상에서 만날 수 없는 분도 계시지만 이분들 모두가 내게 지울 수 없는 흔적을 남겼다.

내가 소속돼 있었던 20여 년간 젊은 경영인 협회는 전폭적 지원을 아끼지 않았다. 나의 기업가 포럼에도 감사를 전하고 싶으며 특히 변함없는 지지를 보내주는 존 에이튼, 네빌 브라우어, 조나단 밀즈, 윌 램제이, 데이빗 로셔와 마틴 스콧에게 고맙다.

커리어 여정에서 답을 찾기 위해 고군분투할 때마다 누구보다 훌륭한 코치가 되어준 마이클 그린과 폴 스톨츠에게도 고마운 마음을 전한다. 이들은 내가 좀 더 창의적으로 사고하고 온갖 다양한 질문에도 답을 찾을 수 있게 해주었다. 또한 데이빗 피츠시몬스가 변함

없는 우정, 조언과 지지를 보내준 덕분에 나도 내 목소리를 발견할 수 있었다. 폴 웨일랜드가 보여준 우정, 그리고 마케팅 분야의 천재성에도 감사한다. 그가 없었다면 "월요일을 사랑하라"가 이렇게 생활 속 깊이 침투하기는커녕 탄생하지도 못했을 것이다.

건강과 운동도 내게는 중요한 생활의 일부다. 예방 의학에 참신하게 접근한 알릭스 다니엘 박사와 잉그리드 아이즌 박사, 그리고 이른 아침 운동을 담당해준 최고의 트레이너 스테피 코제티와 나디아 스탈리에게도 감사의 마음을 보낸다. 그들이 없었다면 이 책은 탄생하지 못했을 것이다.

마지막으로 어느 누구보다 중요한 내 가족에게 고마움을 전하고 싶다. 내 어머니 애드리안 리드와 아버지 알렉 리드는 내게 아주 많은 걸 가르쳐주시고 또 아주 많은 걸 가능하게 해주셨다. 고맙습니다. 내 아내 니콜라, 항상 창의적이고 에너지 넘치는 당신은 내게 끊임없이 영감을 줘. 고마워. 그리고 다양한 아이디어를 제안해주는 건 물론, 내가 발전할 수 있는 방법도 서슴없이 알려주는 내 아들딸들. 고맙구나. 이 아버지는 항상 너희를 향한 사랑과 존경으로 가득하단다.

옮긴이 이정민

인하대학교 역사학과를 졸업하고 고려대학교 국제대학원에서 국제평화안보를 공부했다. MBC 문화방송 시사교양국 〈지구촌 리포트〉 구성 작가와 보도국 국제팀 번역 작가로 재직했으며, 외교통상부 산하 핵안보정상회의 준비기획단 홍보 에디터를 거쳐 현재는 바른번역 소속 전문 번역가로 활동 중이다. 옮긴 책으로는 《MOM 맘이 편해졌습니다》, 《평가받으며 사는 것의 의미》, 《이집트에서 24시간 살아보기》, 《인류의 역사》, 《돈 걱정 없는 삶》, 《부패권력은 어떻게 국가를 파괴하는가》, 《로마에서 24시간 살아보기》, 《빅 히스토리》, 《21일》 등이 있다.

치열한 노력을 뒤집는 기회의 힘

푸스틱 게임

초판 1쇄 인쇄 2023년 1월 26일
초판 1쇄 발행 2023년 2월 8일

지은이 제임스 리드
옮긴이 이정민
펴낸이 김선준

기획편집 임나리 **편집1팀** 이주영 **디자인** 김세민
책임마케팅 권두리 **마케팅팀** 이진규, 신동빈
책임홍보 한보라 **홍보팀** 이은정, 유채원, 권희, 유준상
경영관리팀 송현주, 권송이

펴낸곳 포레스트북스 **출판등록** 2021년 4월 16일 제 2021-000079호
주소 서울시 영등포구 여의대로 108 파크원타워1 28층
전화 02) 332-5855 **팩스** 070)4170-4865
홈페이지 www.forestbooks.co.kr
종이 (주)월드페이퍼 **출력·인쇄·후가공·제본** 더블비

ISBN 979-11-92625-20-1 03190